AF275046

COLEX

Disfrute gratuitamente **DURANTE UN AÑO** de los eBook y audiolibros de las obras de Editorial Colex*

⊛ Acceda a la página web de la editorial **www.colex.es**

⊛ Identifíquese con su usuario y contraseña. En caso de no disponer de una cuenta regístrese.

⊛ Acceda en el menú de usuario a la pestaña «Mis códigos» e introduzca el que aparece a continuación:

RASCAR PARA VISUALIZAR EL CÓDIGO

Nuevas tendencias en materia de Derecho procesal

⊛ Una vez se valide el código, aparecerá una ventana de confirmación y su eBook y audiolibro estará disponible **durante 1 año desde su activación** en la pestaña «Mis libros» en el menú de usuario.

¡Gracias por confiar en nosotros!

La obra que acaba de adquirir incluye de forma gratuita la versión electrónica.

Acceda a nuestra página web para aprovechar todas las funcionalidades de las que dispone en nuestro lector.

Funcionalidades eBook

Acceso desde cualquier dispositivo con conexión a internet

Idéntica visualización a la edición de papel

Navegación intuitiva

Tamaño del texto adaptable

Síguenos en:

NUEVAS TENDENCIAS EN MATERIA DE DERECHO PROCESAL

XUNTA DE GALICIA | CONSELLERÍA DE CULTURA, EDUCACIÓN, FORMACIÓN PROFESIONAL E UNIVERSIDADES

El presente trabajo se ha realizado en el marco de la Ayuda de la Xunta de Galicia para la consolidación y estructuración de unidades de investigación competitivas de Galicia (grupos con potencial crecimiento) para el período 2022/2024 (exp. ED431B 2022/18).

NUEVAS TENDENCIAS EN MATERIA DE DERECHO PROCESAL

Dirección

Cristina Alonso Salgado
Almudena Valiño Ces
Ana Rodríguez Álvarez

Coordinación

Lucía Fernández Ramírez
Ignacio M. Soba Bracesco
Lara Morquecho

COLEX 2025

© Cristina Alonso Salgado
© Almudena Valiño Ces
© Ana Rodríguez Álvarez
© Lucía Fernández Ramírez
© Ignacio M. Soba Bracesco
© Lara Morquecho
© Ana Isabel González Fernández
© André Lamas Leite

© Catarina Vilarinho
© Elena Laro González
© Margarida Santos
© María Lourdes Noya Ferreiro
© Rafael Castillo Felipe
© Salvador Tomás Tomás
© Tamara Funes Beltrán

© Editorial Colex, S.L.
Calle Costa Rica, número 5, 3.º B (local comercial)
A Coruña, C.P. 15004
info@colex.es
www.colex.es

I.S.B.N.: 979-13-7011-292-9
Depósito legal: C 1524-2025
DOI: https://doi.org/10.69592/979-13-7011-292-9

AUTORAS Y AUTORES

ALMUDENA VALIÑO CES

Profesora Ayudante Doctora de Derecho Procesal de la Universidade de Santiago de Compostela.

ANA ISABEL GONZÁLEZ FERNÁNDEZ

Profesora Ayudante Doctora de Derecho Procesal de la Universidade de Vigo.

ANDRÉ LAMAS LEITE

Professor da Faculdade de Direito da Universidade do Porto (Portugal) e Investigador do CIJ – Centro de Investigação Interdisciplinar em Justiça

CATARINA VILARINHO

Doutoranda da Escola de Direito da Universidade do Minho.

CRISTINA ALONSO SALGADO

Profesora Contratada Doctora de Derecho Procesal de la Universidade de Santiago de Compostela.

ELENA LARO GONZÁLEZ

Profesora de Derecho Procesal de la Universidad de Extremadura.

MARGARIDA SANTOS

Escola de Direito da Universidade do Minho e Investigadora do JusGov.

MARÍA LOURDES NOYA FERREIRO

Profesora Titular de Derecho Procesal de la Universidade de Santiago de Compostela.

RAFAEL CASTILLO FELIPE

Profesor Contratado Doctor de Derecho Procesal de la Universidad de Murcia

SALVADOR TOMÁS TOMÁS

Profesor Contratado Doctor de Derecho Procesal de la Universidad de Murcia

TAMARA FUNES BELTRÁN

Profesora Ayudante Doctora de Derecho Procesal de la Universidad de Alicante.

SUMARIO

EL PODER TRANSFORMADOR DEL DERECHO DE LA UNIÓN EUROPEA Y SU IMPACTO EN EL PROCESO CIVIL ESPAÑOL
Rafael Castillo Felipe y Salvador Tomás Tomás

LAS ÚLTIMAS TENDENCIAS EUROPEAS EN MATERIA DE EMBARGO Y DECOMISO EN LA COOPERACIÓN PENAL
Tamara Funes Beltrán

DILIGENCIAS DE INVESTIGACIÓN TECNOLÓGICAS Y DATOS PERSONALES
Ana Isabel González Fernández

ALGUNAS CONSIDERACIONES SOBRE INTELIGENCIA ARTIFICIAL, PROCESO PENAL Y DERECHOS FUNDAMENTALES

María Lourdes Noya Ferreiro

REQUIEM PELA FASE DE INSTRUÇÃO NO PROCESSO PENAL PORTUGUÊS?

André Lamas Leite

SOBRE A EXTENSÃO DA COMPETÊNCIA MATERIAL DA PROCURADORIA EUROPEIA – DÚVIDAS EMERGENTES E PERSPETIVAS

Margarida Santos y Catarina Vilarinho

NOTAS A VUELAPLUMA SOBRE LA RECIENTE LEY ORGÁNICA 1/2025, DE 2 DE ENERO, DE MEDIDAS EN MATERIA DE EFICIENCIA DEL SERVICIO PÚBLICO DE JUSTICIA

Cristina Alonso Salgado
Profesora Contratada Doctora de Derecho Procesal
Universidade de Santiago de Compostela

1. Con carácter preliminar: justificaciones y *leitmotiv*

De un tiempo a esta parte la Ley Orgánica 1/2025, de 2 de enero, de medidas en materia de eficiencia del Servicio Público de Justicia[1] protagoniza buena parte de los debates jurídicos tanto en la Academia, como en el Foro. No podría ser de otro modo, la LO 1/2025 cuenta con un alcance más que considerable tanto en su consideración horizontal, a lo largo de los diferentes órdenes jurisdiccionales, como en la propiamente vertical, por la profundidad de las reformas que en ella se prevén.

Buena prueba de ello son las propias Disposiciones Finales de la ley. Sin perjuicio de las leyes abordadas en su articulado principal, únicamente acudiendo a las señala-

---

1 En adelante, LO 1/2025.

das Disposiciones es posible apreciar una dimensión que nos da la medida aproximada de todo lo que antecede. A través de las Disposiciones finales se modifica la Ley del Notariado, el Código civil, la Ley Hipotecaria, la Ley sobre la Propiedad Horizontal, el Estatuto Orgánico del Ministerio Fiscal, la Ley Orgánica del Régimen Electoral General, la Ley reguladora de las Bases del Régimen Local, la Ley de Demarcación y de Planta Judicial, la Ley de Competencia Desleal, la Ley de sociedades profesionales, la Ley del Registro Civil, la Ley de mediación en asuntos civiles y mercantiles, la Ley de reconocimiento mutuo de resoluciones penales en la Unión Europea, el Estatuto de los Trabajadores, o la Ley de la Jurisdicción Voluntaria, entre muchas otras.

Indicamos que «protagoniza» cuando lo cierto es que, en realidad, aun cuando únicamente fuere por la relación de leyes que antecede, monopoliza casi en exclusiva los referidos debates, justamente, porque algunas de las reformas que impulsa requieren de un esfuerzo para su efectivización que no siempre resultará sencillo.

Por motivos evidentes, la propia entidad de la LO 1/2025 constituye un desafío para su análisis, empezando, cómo no, por su propia justificación. Se afana el Legislador en ello en el largo paginado que constituye el Preámbulo de la ley. Y lo hace con base en unos argumentos-expositivos que, sin ánimo de exhaustividad, procedemos a desgranar.

De conformidad con el Expositivo I del Preámbulo, la primera idea que se relaciona se articula sobre la necesidad de modernizar la organización territorial del Poder Judicial, en la consideración de que, a pesar de las numerosas reformas operadas sobre la Ley Orgánica 6/1985, de 1 de julio, del Poder Judicial, en realidad ninguna de ellas había modificado en lo cualitativo —a este nivel— la organización relativa a la planta y demarcación de nuestros órganos jurisdiccionales. Quiere ello decir que, desde entonces, se ha mantenido un modelo de organización judicial que, fundamentado en el tradicional juzgado unipersonal, responde a un contexto dibujado, como poco, hace más de cuatro décadas. Este modelo, obviamente, no proporciona la estructura adecuada para la realidad española del siglo XXI: no sólo la judicial, sino la propia realidad tecnológica, económica y político-social del conjunto del actual Estado español.

Era necesario poner fin a una obsolescencia que no admitía más demora. Y ello porque el evidente desajuste ha generado externalidades negativas por todos y todas conocidas: desde la potenciación de la justicia «interina» y los desequilibrios en la distribución de los asuntos, hasta los problemas competenciales en los partidos judiciales o la sempiterna lentitud de la Justicia, con todo lo que ello comporta en materia de descrédito por parte de los justiciables.

En atención a lo que antecede, el Legislador ha entendido que «(...) *la racionalización del modelo y la búsqueda de la eficiencia aconsejan que el primer nivel de organización judicial opere de forma colegiada, como también ocurre en las demás instancias judiciales, en la misma línea que otros países de nuestro entorno democrático. Es importante destacar que el modelo de los Tribunales de Instancia es un sistema de organización colegiada que no altera el ejercicio de la función jurisdiccional ni las competencias de los órganos de enjuiciamiento unipersonales. Valorando el encaje constitucional del nuevo modelo organizativo, como considera el Consejo de Estado en el dictamen emitido en relación con el Anteproyecto de Ley Orgánica de Eficiencia Organizativa del Servicio Público de Justicia, por la que se modifica la Ley Orgánica 6/1985, de 1 de julio, del Poder Judicial, para la implantación de los Tribunales de Instancia y las Oficinas de Justicia en los municipios, se concluye que las prescripciones contenidas en los artículos 117 y 122 de la Constitución Española se aplican a todos los órganos judiciales, con independencia de su carácter y configuración unipersonal o colegiada. En estos preceptos se refleja la estructura organizativa de la Administración de Justicia española en aquel momento, integrada por Juzgados y Tribunales. De este modo, el Consejo de Estado interpreta que 'las proclamaciones de los artículos 117 y 122 de la Constitución Española no tienen el alcance de crear una garantía institucional de que el primer escalón de la tutela judicial deba articularse a través de órganos judiciales unipersonales e independientes, por contraposición al ejercicio colegiado de la potestad jurisdiccional en las instancias superiores'»*[2].

Con todo, cuanto se viene de referir no puede ser desligado de las evidentes dificultades en relación a las insuficiencias del propio sistema. Significa ello que, más allá del debate respecto al modelo de organización judicial, el tradicional estaba adornado por condiciones y contextos —normalmente exógenos y, por tanto, no necesariamente inherentes— que empeoraban notablemente su funcionamiento. Esta constelación de circunstancias adversas ha lastrado y ha restado vigor al modelo tradicional incluso cuando aún no resultaba obsoleto. Se hace preciso volver sobre su análisis, precisamente, por el motivo que se acaba de apuntar: reemplazado el modelo, muchas de esas circunstancias continúan teniendo un protagonismo preocupante en nuestra Administración de Justicia, de modo que su estudio resulta, en efecto, obligado, en orden a evitar que su acción desgaste el nuevo «modelo» desde su más tierno inicio.

La segunda de las ideas esgrimida por el Legislador en el Preámbulo de la LO 1/2025 pivota sobre una serie de consideraciones que rebasan las limitaciones del discurso acerca de la insuficiencia de recursos, para adentrarse en algo cromosómico que tiene que ver con la eficiencia del sistema. No se quiere trasladar aquí que no exista la insuficiencia *supra* destacada. La infrafinanciación de la Administración de Justicia es una realidad que, por obvia, no merece mayor desarrollo. Con todo, no puede ser ello sobredimensionado hasta el punto de elevarlo a la categoría de principal problema de la Justicia española. Si en efecto ello fuera así, la solución sería, a decir verdad, muchísimo más fácil.

---

2   Expositivo I del Preámbulo.

Escribíamos hace algún tiempo que ante la situación de crisis sistémica de la Justicia española, los operadores jurídicos destacaban «(...) *diversas soluciones, todas ellas, en principio, compatibles. En primer lugar, desde un enfoque cuantitativo se señala que en tanto que una de las causas del problema de la Justicia en general —no sólo de la penal, por tanto— viene dada por la manifiesta insuficiencia de medios materiales y humanos con los que se cuenta, el equilibrio del sistema se logrará mediante un incremento inversor proporcional a las necesidades reales con las que cuenta actualmente la Administración de Justicia. A nuestro juicio, lo cierto es que el foco del debate debería situarse no sólo en la insufiencia, sino también, y muy especialmente, en la ineficacia y en la ineficiencia de los medios de la Administración de Justicia. Así, tal y como se ha explicado, lo realmente problématico es que más allá de otras legítimas consideraciones, el proceso no es eficaz y por tanto, no es eficiente. No es eficaz porque en multitud de ocasiones no sirve para solucionar el conflicto, sí formalmente, desde luego, pero no materialmente, por lo que se deja la puerta abierta a la posibilidad de que se generen nuevos conflictos. Del mismo modo, no es eficiente porque la ingente cantidad de recursos invertidos no se corresponde con un adecuado funcionamiento de la Administración de Justicia, ni con una valoración positiva por parte de la sociedad que la sostiene económicamente*»[3].

En parecido sentido se manifiesta hoy día la LO 1/2025 al indicar expresamente que, aun cuando la escasez de recursos sea un mal a enmendar, lo cierto es que no constituye la principal de las causas que atenazan la Justicia española. El foco hay que situarlo en la ineficiencia de las medidas que, para reforzarla, se han ido adoptando a lo largo de los años[4]. En concreto, el Expositivo II del Preámbulo subraya que el servicio público de Justicia precisa, por un lado, legitimidad social, entendida en términos de confiabilidad y credibilidad a ojos de las y los justiciables;

---

3   Alonso Salgado, Cristina, *La mediación en el proceso penal*, Tirant lo Blanch, Valencia, 2018, pp. 25 y ss.

4   Expositivo II del Preámbulo.

y, por el otro, necesita eficiencia, es decir, necesita que el sistema sea capaz de proporcionar respuestas no sólo eficaces, sino también efectivas, esto es, respuestas que, en efecto, resuelvan la cuestión jurídica, pero que no lo hagan de cualquier manera, sino optimizando los recursos disponibles.

Resulta evidente, por tanto, la necesidad de efectuar una serie de adaptaciones, «(...) *para poder hacer frente a las dificultades en el desenvolvimiento normal de los juzgados y tribunales; después, para poder superar el enorme reto de ofrecer un servicio público eficiente y justo a la ciudadanía; y, finalmente, para incorporar los valores de solidaridad y de humanismo entre los que la Justicia es la espina dorsal y el elemento imprescindible de la paz social. En este contexto, también es responsabilidad de la ciudadanía contribuir a la sostenibilidad del servicio público de Justicia. Si, tal como se establece constitucionalmente, la justicia emana del pueblo (...) A dicha situación se añade la necesidad de introducir los mecanismos eficientes que resultan imprescindibles para hacer frente al número actual de asuntos judicializados, que, unido al riesgo patente de aumento de los plazos de pendencia, coloca a la Administración de Justicia en una situación muy delicada que exige adoptar medidas inmediatas y efectivas, so pena de que aquélla se vea abocada a un incremento en la duración media de los asuntos e incluso un colapso de la actividad de los Tribunales, con grave afectación a los intereses de la sociedad española cuya tutela se confía a dichos órganos jurisdiccionales»*[5].

2. Sobre su articulado

Con el horizonte apuntado, corresponde detenernos ahora, siquiera brevemente, para efectuar una pequeña monitorización, no ya sobre la justificación o el *leitmotiv* de la LO 1/2025, sino sobre lo que, en efecto, dispone su articulado.

---

5   Expositivo II del Preámbulo.

Como es sabido, más allá de su Preámbulo, la Ley Orgánica se articula, primeramente, en un Título I que versa acerca de las medidas en materia de eficiencia organizativa en orden a la implantación de los Tribunales de Instancia y las Oficinas de Justicia en los municipios; seguido de un Título II en el que se establecen medidas en materia de eficiencia procesal del servicio público de Justicia.

De manera muy resumida se puede subrayar que el primero de los títulos aborda, en efecto, la cuestión de la eficiencia organizativa, precisamente, en los términos que se explicaban líneas atrás: no sólo se trata de lograr los objetivos; también importa la manera en la que se logran. En este sentido, cabe destacar la delimitación que al respecto efectúa el Expositivo III del Preámbulo de la Ley Orgánica cuando señala que la «(...) *ley regula, de manera complementaria, la conclusión de los trabajos de desarrollo e implantación de una Oficina judicial adaptada a esta nueva organización judicial. Eficiencia organizativa concurre en aquella estructura que, optimizando los recursos disponibles, se muestra apta para la obtención de sus objetivos. De todas las cualidades que aportan valor a una organización eficiente, la ley se concentra en tres de ellas: la especialización, la homogeneidad y la capacidad organizativa»*.

Justamente en este sentido, la Ley Orgánica impulsa no sólo la especialización de los órganos jurisdiccionales, sino que también afina la correspondencia entre los medios materiales y los recursos humanos necesarios para su correcto funcionamiento. Al respecto, se hace preciso notar, en particular, la especialización de los órganos jurisdiccionales y de sus titulares para la instrucción y enjuiciamiento de causas penales por hechos delictivos perpetrados contra menores, conforme a lo establecido en la Ley Orgánica 8/2021, de 4 de junio, de protección integral a la infancia y la adolescencia frente a la violencia.

En idéntica línea, cabe destacar que la LO 1/2025 apuesta por un modelo que posibilita el desarrollo de la capacidad organizativa del propio sistema. Y no es ello poca cosa, pues la reacción al evidente aumento de la litigiosidad y, por ende, al correspondiente incremento del volumen de trabajo de los órganos jurisdiccionales se ha articulado tradicionalmente a través de una respuesta cuantitativa: decisiones orientadas al refuerzo operativo, etc. Con todo, tal y como se anticipaba, esa respuesta por sí sola no ataca la línea de flotación del principal de los problemas: la intensificación del esfuerzo financiador de medios materiales y recursos humanos no ha servido más que para —en la más benévola de las lecturas— «parchear» la situación, pues la vía posibilita el acceso de más agua de la que, en efecto, la referida intensificación permite achicar.

Con base en lo señalado, la Ley Orgánica aborda «(…) *la transformación de los Juzgados en Tribunales de Instancia, con el apoyo de unas Oficinas judiciales que hoy se redefinen y reestructuran en servicios comunes, que existirán en todas las Oficinas judiciales, y en otros servicios comunes que puedan constituirse. El establecimiento de los Tribunales de Instancia simplifica el acceso a la Justicia. Existirá un único tribunal asistido por una única organización que le dará soporte, la Oficina judicial, y no existirán ya juzgados con su propia forma de funcionamiento. Esta organización judicial y los mecanismos de interrelación que la ley establece entre el Tribunal de Instancia y la Oficina judicial que le presta apoyo permitirán la corrección de las disfunciones derivadas de las diferentes formas de proceder en aspectos puramente organizativos y procedimentales. Se potencia así la accesibilidad y la confianza de los usuarios y las usuarias en el sistema de Justicia»*[6].

En otro orden cosas, este mismo Título se ocupa del desarrollo tecnológico que debe acompañar una reforma de la entidad que se viene de describir. No cabe duda de que su potenciación está llamada a proporcionar medios y posibilidades organizativas de gran interés. Porque, más allá de las herramientas informáticas ya presentes en nuestros órganos jurisdiccionales —documentación, tramitación, etc.—, lo cierto es que el horizonte más cer-

---

6   Expositivo III del Preámbulo.

cano permite entrever otros instrumentos digitales aún en proceso de mejora como los llamados a efectivizar una inmediación digital segura y plena[7].

Por último, se hace preciso destacar la reforma de unos Juzgados de Paz que, si bien más que «capistiminuidos», resultan de interés —para el Legislador— en términos de accesibilidad y de estructuración territorial del sistema. Se procura así, dar satisfacción a lo que antecede, pero con el factor de corrección incorporado en la reforma. En este sentido, «(...) *se va a crear la Oficina de Justicia en el municipio, que es una estructura administrativa que se nutre de las actuales secretarías de los Juzgados de Paz. Esta oficina, no sólo mantendrá los actuales servicios, sino que los ampliará, aumentando su catálogo de gestiones dentro de la Administración de Justicia y acercándola a todos los municipios (...) La regulación sobre las Oficinas de Justicia en municipios se completa, en el marco de esta Ley Orgánica, con las previsiones normativas de aquellas comunidades autónomas con competencias transferidas en materia (...) de justicia de paz o de proximidad*».

Se posibilita así —sobre el papel— la tan necesaria accesibilidad a la Justicia, no sólo apostando por una organización territorial acorde con los señalados objetivos, sino también dotando tecnológicamente esa estructura, favoreciendo de este modo la Justicia de proximidad, justamente, en aquellos territorios menos poblados. No son estos objetivos y eventuales logros hijos de un Dios menor, porque, a las virtualidades apuntadas, hay que sumar, en teoría, el evidente ahorro en costes temporales, económicos, ambientales, etc.[8].

---

7   Expositivo III del Preámbulo.

8   *«Los juzgados de paz estaba previsto que desaparecieran con la reforma, de hecho, el anteproyecto de 2022 los suprimía y los transformaba en órganos administrativos, denominados 'Oficinas de Justicia'. Pero la Ley Orgánica se ha echado atrás, los mantiene, aunque no como juzgados sino sólo como denominación unipersonal (Juez o Jueza de Paz), y crea la Oficina de Justicia como órgano de apoyo sustituyendo al antiguo juzgado de paz. Justificar su mantenimiento, después de la extensa polémica habida, implicaba necesariamente ampliar sus competencias, pero, aunque ese aumento se ha realizado, en realidad es*

El Título II aborda diversas medidas en materia de eficiencia procesal estructuradas sobre dos grandes bloques. En uno de ellos, probablemente el más transversal, se destacan las modificaciones de las leyes procesales afectadas, a saber: las leyes de Enjuiciamiento Civil[9] y Criminal[10], la Ley reguladora de la Jurisdicción Contencioso-Administrativa[11], la Ley reguladora de la jurisdicción social[12], y la Ley reguladora de la responsabilidad penal de los menores[13].

Entre las principales novedades que se incorporan a través de la reforma de las apuntadas leyes procesales, cabe destacar, sin ánimo de exhaustividad, las que a continuación se relacionan. En cuanto a la LECrim, la limitación a la posibilidad de denunciar telemáticamente; la modificación del régimen de la conformidad; y la regulación

---

muy exiguo, dado que en lo civil se dan las siguientes tres novedades (según el reformado art. 47 LEC): 1) Elevación de la cuantía en lo civil a 150€, quizás una ingenuidad porque es difícil imaginar que alguien en su sano juicio pelee judicialmente por esa cantidad. 2) Conocimiento de los expedientes de conciliación civil de cuantía inferior a 10.000€, en los términos previstos por el título IX de la Ley 15/2015, de 2 de julio, de la Jurisdicción Voluntaria; y 3) Conocer de los actos de conciliación a los que se refiere el artículo 804 de la Ley de Enjuiciamiento Criminal siempre que el hecho hubiera sucedido en el municipio donde desempeñen sus funciones y la persona requerida tenga su domicilio en ese mismo municipio. Esta es competencia penal, no civil, con base en el art. 100.2 LOPJ, no reformado en este punto. Aunque se diga ahora ubicado entre sus competencias civiles, ya conocía de esa competencia de conciliación (arts. 278 y 804 LECRIM), por tanto, no se ha producido ningún aumento competencial, ya que en lo penal se ha limitado a sustituir 'faltas' por delitos leves, una obviedad. La rodadura práctica de la ley demostrará si es una buena reforma, pero si realmente se cree en la Justicia de Proximidad, no sólo debería mantenerse el Juez/a de Paz, sino que también, como en otros países de nuestro entorno jurídico, deberían aumentarse sus competencias civiles y penales», en GÓMEZ COLOMER, Juan-Luis, «Los Tribunales de Instancia», en CALAZA LÓPEZ, Sonia y ORDEÑANA GEZURAGA, Ixusko (Coords.), *Guía para la aplicación práctica de la LO 1/2025: medidas de eficiencia procesal*, Aranzadi-La Ley, Las Rozas (Madrid), 2025, pp. 103-104.

9   En adelante, LEC.

10   En adelante, LECrim.

11   En adelante, LJCA.

12   En adelante, LJS.

13   En adelante, LRPM.

de la fase de ejecución penal. En relación a la LJCA, se incorporan medidas de agilización procesal en la regulación del procedimiento abreviado. Desde una perspectiva más amplia MARTÍN CONTRERAS considera que «*En lo que a la ley procesal contencioso-administrativa se refiere, la Ley Orgánica 1/2025, de 2 de enero, de medidas en materia de eficiencia del Servicio Público de Justicia ha introducido una serie de modificaciones de naturaleza cosmética y otras de mayor calado, de esta forma se incorporan cuatro reformas puntuales, referidas, la primera a una cuestión de competencia objetiva, la segunda a la legitimación de las organizaciones sindicales, la tercera, en consonancia con ésta, la obligación de acreditación documental de la condición de sindicado y, la cuarta la modificación del procedimiento abreviado en busca del objetivo confesado de encontrar la celeridad pretendida cuando se reguló por primera vez este proceso en 1998, con la primera redacción en la vigente Ley Reguladora de la Jurisdicción Contencioso-Administrativa*»[14].

---

14   MARTÍN CONTRERAS, Luís, «Medidas de agilización procesal en el ámbito: reforma de la LJCA», en CALAZA LÓPEZ, Sonia y ORDEÑANA GEZURAGA, Ixusko (Coords.), *Guía para la aplicación práctica de la LO 1/2025: medidas de eficiencia procesal*, Aranzadi-La Ley, Las Rozas (Madrid), 2025, p. 207.
Véase, de igual modo: «*En el ámbito contencioso-administrativo también se modifica la LJCA, con el objeto, en línea con el espíritu general de la LOEP, de introducir pretendidas medidas de agilización procesal. Así, se modifica la regulación del procedimiento abreviado sin vista que introdujo la Ley 37/2011, de 10 de octubre, de medidas de agilización procesal. Como siguen produciéndose en la actualidad 'demasiadas' vistas, a juicio del legislador, pues no son excepcionales los casos en que, pese a renunciarse a la vista en el recurso, la misma se celebra por la sola solicitud de la parte demandada y a los únicos efectos de formular su contestación a la demanda en el acto de la vista, se ha considerado oportuno exigir que la solicitud de vista por la parte demandada quede sustentada sobre argumentos que permitan al órgano jurisdiccional apreciar la conveniencia de la celebración de ese trámite (apartado cuatro del art. 21 LORP). En definitiva, se pretende que los jueces usen su discrecionalidad para limitar las vistas a los casos estrictamente necesarios. Pero no quiere ver el legislador que el coste de esta medida va a ser, de nuevo, el alejamiento del ciudadano de la justicia. Por no hablar de la percepción de arbitrariedad o falta de transparencia en las decisiones jurisdiccionales, cuando los justiciables aprecien la desigual aplicación de este poder discrecional por parte de los distintos órganos jurisdiccionales. Además, también en el procedimiento abreviado,*</i>

Con respecto a la LJS, las modificaciones se orientan a proporcionar mayor agilidad a la tramitación de los procesos: se impulsa la oralidad de las sentencias; se amplía el plazo para solicitar diligencias de preparación de la prueba; y se reforma el recurso de casación para la unificación de la doctrina. Lo cierto es que *«Desde el plano organizativo se produce un cambio 'cualitativo' al desaparecer los Juzgados del Orden Social, pues se pasará, durante el año 2025, de los Juzgados de lo Social a las 'Secciones de lo Social' de los Tribunales de Instancia, que, además, trabajarán con otro modelo de 'Oficina Judicial'. También se producen cambios en el proceso laboral. Además, hay que atender a las modificaciones de la LECiv con incidencia en el proceso laboral, y otras modificaciones, dispersas, que inciden directamente en el Orden Social»*[15].

Por último, en relación a la LEC, se posibilita que el juez o la jueza, a la luz de las solicitudes en materia de

---

se introduce la posibilidad de dictar sentencias de forma oral, con los mismos requisitos de forma y consecuencias previstos en los nuevos apartados 3 y 4 del art. 210 LEC», en CHOZAS ALONSO, José Manuel, «Introducción a la Ley Orgánica 1/2025, de eficiencia procesal (LOEP): estructura básica, naturaleza de las normas, entrada en vigor y Derecho transitorio», en BANACLOCHE PALAO, Julio y GASCÓN INCHAUSTI, Fernando (Dirs.), *La justicia en España tras la Ley Orgánica de eficiencia. Nuevos tribunales, medios adecuados de solución de controversias y reformas procesales*, Aranzadi, Las Rozas (Madrid), 2025, p. 50.

15   COLMENERO GUERRA, José Antonio, «Medidas de agilización procesal en el ámbito laboral: reforma de la LJS», en CALAZA LÓPEZ, Sonia y ORDEÑANA GEZURAGA, Ixusko (Coords.), *Guía para la aplicación práctica de la LO 1/2025: medidas de eficiencia procesal*, Aranzadi-La Ley, Las Rozas (Madrid), 2025, p. 233.
Igualmente, de interés: *«Las modificaciones introducidas en la LRJS tienen como objetivo básico la acomodación de este texto procesal a los cambios introducidos en el resto de jurisdicciones. En este sentido, se incentiva el impulso de la oralidad de las sentencias (apartado uno del art. 24 LOEP). También se potencia la conciliación anticipada ante el Letrado de la Administración de Justicia como herramienta —otro MASC— para alcanzar acuerdos tempranos entre las partes (apartado uno del art. 24 LOEP)»*, en CHOZAS ALONSO, José Manuel, «Introducción a la Ley Orgánica 1/2025, de eficiencia procesal (LOEP): estructura básica, naturaleza de las normas, entrada en vigor y Derecho transitorio», en BANACLOCHE PALAO, Julio y GASCÓN INCHAUSTI, Fernando (Dirs.), *La justicia en España tras la Ley Orgánica de eficiencia. Nuevos tribunales, medios adecuados de solución de controversias y reformas procesales*, Aranzadi, Las Rozas (Madrid); 2025, p. 51.

prueba de las partes, pueda determinar que no haya lugar a la celebración del acto de la vista aunque aquéllas la hubiesen pedido; se posibilita, asimismo, que, en el ámbito del juicio verbal, se puedan dictar sentencias orales; se clarifica el efecto de cosa juzgada en materia de juicios de desahucio por falta de pago o expiración del plazo cuando se acumula la acción de reclamación de rentas o cantidades análogas; se modifica la regulación de las costas procesales[16], de la ejecución y de la subasta judicial electrónica[17]; etc.[18]

El otro bloque relativo a este Título II aborda una de las principales novedades que introduce la Ley Orgánica: la regulación relativa a los medios adecuados de solución de controversias en vía no jurisdiccional[19].

---

16 Al respecto, véase: ACHÓN BRUÑÉN, María José, «Nueva Ley de Eficiencia de la Justicia. Análisis crítico de los numerosos problemas prácticos que puede ocasionar la nueva regulación de las costas procesales civiles introducida por la Ley 1/2025, de 2 de enero», *Diario La Ley*, número 10652, 2025.

17 Sobre la subasta, resulta de interés: RÍOS FERNÁNDEZ, Laura, «La tutela judicial efectiva del acreedor ejecutante tras la reforma de la subasta judicial electrónica. Análisis de la disposición transitoria novena de la Ley Orgánica 1/2025», *Diario La Ley*, número 10753, 2025.

18 De interés *vid.*, PÉREZ DAUDÍ, Vicente, «La reforma del proceso civil por la Ley Orgánica 1/2025, de 2 de enero, de medidas en materia de eficiencia del servicio público de Justicia», en CALAZA LÓPEZ, Sonia y ORDEÑANA GEZURAGA, Ixusko (Coords.), *Guía para la aplicación práctica de la LO 1/2025: medidas de eficiencia procesal*, Aranzadi-La Ley, Las Rozas (Madrid), 2025, pp. 143 y ss.; y CASTILLEJO MANZANARES, Raquel, «Medidas de agilización procesal en el ámbito civil: MASC», en CALAZA LÓPEZ, Sonia y ORDEÑANA GEZURAGA, Ixusko (Coords.), *Guía para la aplicación práctica de la LO 1/2025: medidas de eficiencia procesal*, Aranzadi-La Ley, Las Rozas (Madrid), 2025, pp. 167 y ss.

19 *«Aunque ha tardado el desarrollo de dos legislaturas, finalmente se ha aprobado la Ley Orgánica 1/2025, de 2 de enero de medidas en materia de eficiencia del Servicio Público de Justicia, donde se recoge y reúne una de las medidas más importantes para el avance en la solución extrajudicial de los conflictos y que sirve para desatascar los juzgados de primera instancia, ahora ya convertidos en tribunales de instancia para la solución judicial de los conflictos. Así, esta ley permitirá el intento de solución amistosa del conflicto con la intervención de profesionales especializados en esta solución alternativa del conflicto a la vía judicial»,* en MAGRO SERVET, Vicente, *Guía práctica sobre solución extrajudicial de conflictos civil y mediación penal. Análisis de la Ley Or-*

Desde hace algún tiempo, los medios de resolución alternativa/complementaria de conflictos —en general, los denominados ADR *(Alternative Dispute Resolution)*— vienen protagonizando no pocos debates jurídicos tanto en la Academia, como en el Foro. La Ley 5/2012, de 6 de julio, de mediación en asuntos civiles y mercantiles o la propia Ley 4/2015, de 27 de abril, del Estatuto de la víctima del delito son pruebas palmarias de que el debate ha ido tomando cuerpo en nuestro ordenamiento jurídico con el paso de los años.

Tanto las virtualidades, como las dificultades que entrañan los institutos involucrados en la metodología ADR son bien conocidos. El legislador español a través de la LO 1/2025 ha sopesado pros y contras, en particular, de los MASC y ha dado, sin duda, un paso adelante: «(...) *con la introducción de estos mecanismos, ya consolidados en el derecho comparado, se cumple la máxima de la Ilustración y del proceso codificador: que antes de entrar en el templo de la Justicia, se ha de pasar por el templo de la concordia. En efecto, se trata de potenciar la negociación entre las partes, directamente o ante un tercero neutral, partiendo de la base de que estos medios reducen el conflicto social, evitan la sobrecarga de los tribunales y pueden ser igualmente adecuados para la solución de la inmensa mayoría de las controversias en materia civil y mercantil. El servicio público de Justicia debe ser capaz de ofrecer a la ciudadanía la vía más adecuada para gestionar su problema. En unos casos será la vía exclusivamente judicial, pero en muchos otros será la vía consensual la que ofrezca la mejor opción. La elección del medio más adecuado de solución de controversias aporta calidad a la Justicia y reporta satisfacción a los ciudadanos y ciudadanas. En este contexto cobran importancia las razones de las partes para construir soluciones dialogadas en espacios compartidos. Asimismo, se reconocen medios suficientemente contrastados a nivel internacional como el Derecho colaborativo que facilita la negociación estructurada de las partes asistidas por sus*

---

gánica 1/2025, de 2 de enero, de medidas en materia de eficiencia del servicio Público de Justicia, La Ley, Las Rozas (Madrid), 2025, p. 7.

respectivas abogadas y abogados y que permite, de una forma natural y orgánica, integrar en el equipo, si se considerase oportuno, a terceras personas expertas neutrales»[20].

3. Para acabar sin concluir

No constituye el objeto del presente trabajo realizar un análisis exhaustivo de las reformas operadas por la LO 1/2025. Ello comportaría tanto como realizar un estudio que examinase la dimensión en horizontal de la Ley Orgánica, a través de los diversos órdenes jurisdiccionales, y en vertical de cara a evaluar analíticamente la profundidad y las implicaciones jurídicas de cada una de las modificaciones propuestas. Más aún, un análisis mínimo, únicamente de las ocho disposiciones adicionales, quince disposiciones transitorias, la disposición derogatoria y las

---

20   En sentido crítico: *«Por lo que se refiere a los preceptos relativos a la nueva ordenación de los medios alternativos a la jurisdicción para la solución de controversias, la Ley no sólo no contribuye a poner fin a la dispersión de las fuentes, sino que la incrementa, toda vez que no se nos ofrece una regulación unitaria de ellos, al mantenerse extramuros de la Ley Orgánica 1/2015, por ejemplo, la mediación en asuntos civiles y mercantiles o el acto de conciliación judicial (por no hablar de las numerosas oportunidades de negociación y acuerdo a lo largo del proceso antes de la audiencia previa del juicio ordinario civil o de la posibilidad de búsqueda del acuerdo, incluso con suspensión de los plazos procesales —art. 19 de la LEC—, al comienzo de los juicios y vistas), que también aportan soluciones alternativas a la sentencia y cuya regulación se mantiene en las respectivas leyes procesales. El único denominador común en lo que se regula en la Ley Orgánica 1/2025, y que lo diferencia de lo regulado en la LEC o en la Ley de la jurisdicción voluntaria, es que se trata de instrumentos en los que no participa la autoridad judicial, pero la mediación de la Ley 5/2012, de 6 de julio, es una institución tan ajena a la función jurisdiccional como las que se contemplan en la nueva regulación, por lo que perfectamente se podrían haber dado a todas el mismo cobijo legal. En resumen, no están en la nueva Ley todos los medios existentes ni todos los posibles, lo que aleja la norma de los deseables objetivos de simplificación legal e integración normativa, dificulta el trabajo de los profesionales del derecho y de estudiantes e investigadores y producirá una indeseable inseguridad al intérprete»*, en GONZÁLEZ GARCÍA, Jesús María, «A propósito de la nueva regulación de los 'medios adecuados para la solución de conflictos' (MASC) en la Ley Orgánica 1/2025», *Diario La Ley*, número 10701, 2025, La Ley 4800/2025.

treinta y ocho disposiciones finales, ya serviría para agotar el paginado asignado.

Nuestro objeto era y es mucho más modesto: efectuar una monitorización de la nueva ley para permitir que el lector realice su propia composición de lugar acerca de su trascendencia. La referida la monitorización nos permite efectuar una serie de consideraciones a modo de resumen panorámico. La primera idea que nos asalta es de técnica legislativa. Coincidimos con GONZÁLEZ GARCÍA cuando apunta que: *«Entre los rasgos singulares de la reforma se encuentran, desde luego, su extensión y la heterogeneidad y variedad de su contenido: en la Ley Orgánica 1/2025 se incorporan normas de organización judicial de gran calado —de carácter estructural, deberíamos decir— que hubieran justificado un texto legal independiente, y normas procesales y otras que inciden en otros textos legales como la Ley Hipotecaria o la Ley del Notariado, y carecen de rango de Ley Orgánica. Algunas de sus disposiciones modifican normas tan variopintas como la Ley Orgánica 5/1985, de 19 de junio, del régimen electoral general (hecho que, salvo error, no ha merecido especial atención por parte de los habituales comentaristas), en una materia (la implantación de forma retroactiva de un régimen legal nuevo para la tener derecho a subvención pública por los gastos originados a las candidaturas que hubieran concurrido a las pasadas elecciones generales convocadas por el Real Decreto 400/2023, de 29 de mayo) que nada tiene que ver con la eficiencia del "servicio público" de la Justicia, aunque probablemente sí con la obtención de los apoyos parlamentarios necesarios para la aprobación de la Ley Orgánica que lo contiene. Todo ello nos enfrenta a un texto que es fruto del acarreo legislativo, tan presente en otras normas de nuestro ordenamiento jurídico (véase si no nuestro Código civil), más que de un plan sistemático, imperado además por el apremio del calendario para su rápida promulgación bajo el proclamado riesgo de la pérdida de cuantiosos fondos europeos de cooperación»*[21].

---

21   GONZÁLEZ GARCÍA, Jesús María, «A propósito de la nueva regulación de los 'medios adecuados para la solución de conflictos' (MASC) en la Ley Orgánica 1/2025», *Diario La Ley*, número 10701, 2025, La Ley 4800/2025.

La segunda de las consideraciones tiene que ver con la talla de la LO 1/2025. Habida cuenta de la dimensión de la reforma, está por ver si las motivaciones que impulsaron su aprobación podrán ver satisfechas sus expectativas. Mucho nos tememos que no. Fundamentalmente, porque en el universo de reformas, las galaxias son múltiples y diversas y cada una de ellas está conformada de otros tantos sistemas, cada uno de ellos, con naturaleza y características propias. Así pues, obviamente, algunas de las declaraciones bienintencionadas llegarán a buen puerto; otras quedarán en agua de borrajas; algunas de las modificaciones podrán ser vivamente saludadas[22] o podrán ser incorporadas sin resistencias por parte de la Academia y del Foro; otras en cambio, anuncian ya en el pórtico de entrada dificultades: desde los eventuales problemas en el ejercicio de la jurisdicción y de la competencia derivados de la eliminación de los juzgados y el *«pretendido funcionamiento colegiado de la primera instancia»*[23]; o las dificultades inherentes al súbito y acelerado encaje de la diversidad de MASC en el sistema de Justicia; hasta las repercusiones del volantazo en cuanto a los Juzgados de Paz; o las relativas a la polémica acerca de los umbrales de la nueva conformidad. Y todo ello en un contexto cambiante, en el que se vislumbran en el horizonte más próximo reformas en paralelo y de corte estructural.

---

22   Por ejemplo, en MAGRO SERVET, Vicente, *«El derecho del acusado a declarar en último lugar en la práctica de la prueba en la reforma del art. 701 LECRIM en la Ley Orgánica 1/2025, de 2 de enero de medidas de eficiencia procesal»*, Diario La Ley, número 10638, 2025, La Ley 49/2025, se analiza *«(...) la reforma del artículo 701 de la Ley de Enjuiciamiento criminal modificado por la Ley Orgánica de medidas de eficiencia procesal al servicio público de la justicia, en virtud de la cual se da carta de naturaleza legislativa al derecho de la defensa del acusado a proponer que la declaración de éste se haga en último lugar en la práctica de la prueba para mejorar el ejercicio del derecho de defensa, tal y como ya había reconocido el Tribunal Supremo en la sentencia 714/2023, de 28 de septiembre»*.

23   GONZÁLEZ GRANDA, Piedad, *«La supresión de los juzgados y el pretendido funcionamiento colegiado de la primera instancia: algunas dudas en materia de jurisdicción y competencia»*, Diario La Ley, número 10702, 2025, La Ley 5254/2025.

4. Bibliografía

Achón Bruñén, María José, «Nueva Ley de Eficiencia de la Justicia. Análisis crítico de los numerosos problemas prácticos que puede ocasionar la nueva regulación de las costas procesales civiles introducida por la Ley 1/2025, de 2 de enero», *Diario La Ley*, número 10652, 2025.

Alonso Salgado, Cristina, *La mediación en el proceso penal*, Tirant lo Blanch, Valencia, 2018.

Castillejo Manzanares, Raquel, «Medidas de agilización procesal en el ámbito civil: MASC», en Calaza López, Sonia y Ordeñana Gezuraga, Ixusko (Coords.), *Guía para la aplicación práctica de la LO 1/2025: medidas de eficiencia procesal*, Aranzadi-La Ley, Las Rozas (Madrid), 2025.

Chozas Alonso, José Manuel, «Introducción a la Ley Orgánica 1/2025, de eficiencia procesal (LOEP): estructura básica, naturaleza de las normas, entrada en vigor y Derecho transitorio», en Banacloche Palao, Julio y Gascón Inchausti, Fernando (Dirs.), *La justicia en España tras la Ley Orgánica de eficiencia. Nuevos tribunales, medios adecuados de solución de controversias y reformas procesales*, Aranzadi, Las Rozas (Madrid); 2025.

Colmenero Guerra, José Antonio, «Medidas de agilización procesal en el ámbito laboral: reforma de la LJS», en Calaza López, Sonia y Ordeñana Gezuraga, Ixusko (Coords.), *Guía para la aplicación práctica de la LO 1/2025: medidas de eficiencia procesal*, Aranzadi-La Ley, Las Rozas (Madrid), 2025.

Gómez Colomer, Juan-Luis, «Los Tribunales de Instancia», en Calaza López, Sonia y Ordeñana Gezuraga, Ixusko (Coords.), *Guía para la aplicación práctica de la LO 1/2025: medidas de eficiencia procesal*, Aranzadi-La Ley, Las Rozas (Madrid), 2025.

GONZÁLEZ GARCÍA, Jesús María, «A propósito de la nueva regulación de los 'medios adecuados para la solución de conflictos' (MASC) en la Ley Orgánica 1/2025», *Diario La Ley*, número 10701, 2025, La Ley 4800/2025.

MAGRO SERVET, Vicente, «El derecho del acusado a declarar en último lugar en la práctica de la prueba en la reforma del art. 701 LECRIM en la Ley Orgánica 1/2025, de 2 de enero de medidas de eficiencia procesal», *Diario La Ley*, número 10638, 2025, La Ley 49/2025.

MAGRO SERVET, Vicente, *Guía práctica sobre solución extrajudicial de conflictos civil y mediación penal. Análisis de la Ley Orgánica 1/2025, de 2 de enero, de medidas en materia de eficiencia del servicio Público de Justicia*, La Ley, Las Rozas (Madrid), 2025.

MARTÍN CONTRERAS, Luís, «Medidas de agilización procesal en el ámbito: reforma de la LJCA», en CALAZA LÓPEZ, Sonia y ORDEÑANA GEZURAGA, Ixusko (Coords.), *Guía para la aplicación práctica de la LO 1/2025: medidas de eficiencia procesal*, Aranzadi-La Ley, Las Rozas (Madrid), 2025.

PÉREZ DAUDÍ, Vicente, «La reforma del proceso civil por la Ley Orgánica 1/2025, de 2 de enero, de medidas en materia de eficiencia del servicio público de Justicia», en CALAZA LÓPEZ, Sonia y ORDEÑANA GEZURAGA, Ixusko (Coords.), *Guía para la aplicación práctica de la LO 1/2025: medidas de eficiencia procesal*, Aranzadi-La Ley, Las Rozas (Madrid), 2025.

GONZÁLEZ GRANDA, Piedad, «La supresión de los juzgados y el pretendido funcionamiento colegiado de la primera instancia: algunas dudas en materia de jurisdicción y competencia», *Diario La Ley*, número 10702, 2025, La Ley 5254/2025.

Ríos Fernández, Laura, «La tutela judicial efectiva del acreedor ejecutante tras la reforma de la subasta judicial electrónica. Análisis de la disposición transitoria novena de la Ley Orgánica 1/2025», *Diario La Ley*, número 10753, 2025.

LOS PROBLEMAS DERIVADOS DE LA APLICACIÓN DEL ARTÍCULO 763 DE LA LEY DE ENJUICIAMIENTO CIVIL A LOS INTERNAMIENTOS INVOLUNTARIOS DE PERSONAS MAYORES[1]

Elena Laro González
Profesora de Derecho Procesal
Universidad de Extremadura

1. Contexto histórico legislativo

El derecho a la libertad personal goza de reconocimiento en el art. 17 de la Constitución Española y también cuenta con protección internacional en la Declaración Universal de Derechos Humanos (art. 13), en el Convenio Europeo de Derechos Humanos y Libertades Fundamentales (art. 5) y en la Carta de Derechos Fundamentales de la Unión Europea (art. 6)[2]. Igualmente debemos relacio-

---

1   El presente trabajo se realiza en el marco de los proyectos de investigación del Ministerio de Ciencia e Innovación: «Proceso penal y Unión Europea. Análisis y propuestas» (Referencia PID2020-116848GB-I00); «Sostenibilidad ambiental, social y económica de la justicia. Retos de la Agenda 2030» (Referencia PID2021-126145OB-I00).

2   SÁNCHEZ BARRILAO, J.F., «Régimen constitucional del internamiento involuntario y urgente por trastorno mental», *Revista de Derecho Político*, n.º 87, mayo-agosto 2013, pp. 179-222.

narlo con otros derechos, ya que de acuerdo con el art. 19 de la Convención Internacional sobre los Derechos de las Personas con Discapacidad[3] se encomienda a los Estados para que salvaguarden los derechos de estas personas, especialmente aquellos referidos a la elección de la residencia y con un sistema de vida específico, garantizando en este caso su voluntad y libertad. Además, se obliga a garantizar el acceso a la asistencia domiciliaria, residencial y otros servicios de apoyo, así como a evitar el aislamiento. Parece que el último fin que persigue la norma es la privación de un derecho tan elemental como la libertad, pero a falta de recursos necesarios se recurre frecuentemente a una medida que debería ser excepcional.

Especialmente, el colectivo de personas mayores de edad cuenta con un sistema de protección, tal como se aprecia en el art. 50 CE que obliga a los poderes públicos a garantizar recursos económicos adecuados, así como a promover su bienestar social mediante un sistema de servicios sociales que atienda sus problemas de salud, vivienda, cultura y ocio. En el ámbito internacional, el art. 25 CDFUE también garantiza el derecho a llevar una vida digna e independiente y a participar en la vida social y cultural[4].

Por otra parte, en cuanto al tratamiento jurídico de la medida que vamos a estudiar en el presente estudio, tenemos que remontarnos al Decreto de 3 de julio de 1931, modificado por el Decreto de 27 de mayo de 1932 y la Orden Ministerial de 30 de diciembre del mismo año, que regulaba el internamiento de enajenados mentales con sometimiento exclusivo a autorización administrativa. Estas normas estuvieron en vigor hasta la promulgación

---

3   En cuanto al concepto, el art. 1 determina que: «*las personas con discapacidad incluyen a aquellas que tengan deficiencias físicas, mentales, intelectuales o sensoriales a largo plazo que, al interactuar con diversas barreras, puedan impedir su participación plena y efectiva en la sociedad, en igualdad de condiciones con las demás*».

4   En el mismo sentido se reconoce en la Carta Social Europea. *Vid.* Instrumento de Ratificación de la Carta Social Europea, hecha en Estrasburgo el 3 de mayo de 1996.

de la Ley 13/1983, de 24 de octubre, que introdujo el art. 211 del Código Civil, el cual supera el sistema de control administrativo para instaurar otro basado en el control judicial de la medida.

Hasta el momento la regulación de los aspectos procesales era incompleta, por lo que se produjo la derogación del art. 211 CC y tras sufrir algunos cambios por la Ley Orgánica 1/1996, de 15 de enero, de protección jurídica del menor[5], fue finalmente reemplazado por el art. 763 LEC[6], suponiendo un avance en lo relativo a la competencia territorial, controles periódicos, audiencia, etc. No obstante, a pesar de que esta medida inicialmente estuvo contenida en normas de derecho sustantivo, no se albergan dudas sobre su carácter procesal.

Los artículos 211 CC y 763 LEC han ocasionado pronunciamientos por parte del Tribunal Constitucional que han sentado un precedente por su declaración de inconstitucionalidad. En este sentido, la STC 129/1999, de 11 de julio[7], desestimó la cuestión de inconstitucionalidad planteada sobre los vicios de naturaleza formal que presentaba el art. 211 CC. Dicha desestimación se basó en que el órgano de instancia cuestionó el párrafo segundo del art. 211 CC, el cual no contenía una regulación del derecho fundamental a la libertad personal y, en consecuencia, no podía entenderse como reservado a ley orgánica, ya que era el párrafo primero

---

5   *Vid.* Disposición final duodécima.

6   *Vid.* El estudio exhaustivo que realiza Barrio Flores, L. F., «La regulación del internamiento psiquiátrico involuntario en España: carencias jurídicas históricas y actuales», *Estudios,* volumen 22, número 1, enero-junio 2012, pp. 31-56. En el mismo sentido, Vico Fernández, G., «Régimen jurídico aplicable a los internamientos involuntarios en centros geriátricos: especial referencia a la jurisprudencia del Tribunal Constitucional», *ADC,* tomo LXXII, fasc. I, 2019, pp. 101-160.

7   Aunque el tribunal haciendo referencia a su propia doctrina argumentó que *«es obvio que la decisión de internamiento sólo puede ser acordada judicialmente y que, en lo que aquí importa, el precepto que la hace posible sólo puede ser una Ley Orgánica, pues, dada su condición de norma que fija uno de los casos en que una persona puede ser privada de libertad concurre al desarrollo del derecho fundamental garantizado en el art. 17.1».*

del citado artículo el que permitía al órgano judicial acordar la medida que privaba de libertad al sujeto afectado.

Ya en vigor el art. 763 LEC, el TC en su Sentencia 131/2010, de 2 de diciembre[8], declaró la inconstitucionalidad del inciso primero del cuestionado art. 211 CC, en la nueva redacción dada por la disposición final duodécima de la Ley Orgánica 1/1996, de 15 de enero, de protección jurídica del menor, con motivo en la infracción de la reserva de ley orgánica establecida en los artículos 17.1 y 81.1 de la Constitución Española.

A pesar de ello, tal declaración no conllevó la inaplicación del precepto porque no se declaró la nulidad del mismo, quizás por el limbo jurídico en que quedaban los internamientos vigentes por aquel entonces[9], por lo que fue una declaración descafeinada.

En la misma fecha, el TC dictó la sentencia 132/2010, de 2 de diciembre, que se pronuncia sobre la posible inconstitucionalidad del apartado primero, párrafos primero y segundo, del art. 763 de la LEC por ser una norma promulgada mediante ley ordinaria, argumentando que la aplicación de su doctrina conlleva la declaración de inconstitucionalidad ya que es una materia reservada a ley orgánica. Una vez más, el pronunciamiento era deficiente porque no se declaró la nulidad, pues según el tribunal «crearía un vacío en el Ordenamiento jurídico no deseable, máxime no habiéndose cuestionado su contenido material» (FJ 3); y acabó con un mandato al legislador para que remediara la situación y regulara el internamiento no voluntario por razón de trastorno psíquico.

---

8   *Vid.* STC 141/2012, de 2 de julio.

9   En el Fundamento Jurídico sexto de la STC 131/2010, de 2 de diciembre, se argumenta que: «(...) *la declaración de nulidad del art. 211, párrafo primero, del Código civil, crearía un vacío en el ordenamiento jurídico, sin duda no deseable, máxime teniendo en cuenta que dicho precepto no ha sido cuestionado en su contenido material, esto es, no se ha discutido la pertinencia de la medida de internamiento de las personas incapacitadas por razón de trastorno psíquico en establecimiento de salud mental mediante autorización judicial, a lo que ha de añadirse que, en realidad, se trata de un precepto ya derogado».*

Con base en lo anterior, se subsanó el defecto normativo y la Ley Orgánica 8/2015, de 22 de julio, de modificación del sistema de protección a la infancia y adolescencia, confirió carácter de ley orgánica al art. 763 LEC, cumpliendo así con lo dispuesto en la Constitución Española.

Por último, y para concluir este epígrafe, señalamos que se ha producido una reforma de gran calado mediante la Ley 8/2021, de 2 de junio, por la que se reforma la legislación civil y procesal para el apoyo a la discapacidad, para adecuar nuestra legislación conforme a lo dispuesto en la Convención Internacional sobre Derechos de las Personas con Discapacidad, que incorpora importantes modificaciones en el Código Civil[10].

No obstante, la redacción del art. 763 LEC no ha variado, ni se ha incorporado norma alguna referida a la institución del internamiento, probablemente por los motivos ya invocados en torno a la improcedencia de regular por la vía de ley ordinaria una materia que exige un tratamiento específico mediante una ley orgánica[11]. Sin perjuicio de que con la citada reforma aparecen nuevas posibilidades en orden a la adopción de medidas de apoyos necesarias.

Sobre la necesidad de abordar una reforma del citado precepto, ponemos de manifiesto que el Comité Español de Representantes de Personas con Discapacidad (CERMI) aboga por su derogación *«con el fin de prohibir la*

---

10   Se introducen cambios en la institución de la tutela, que ahora se suprime y solo se mantiene para los menores de edad no sujetos a patria potestad.

11   MARTÍNEZ CALVO, J., «Compatibilidad del internamiento involuntario por razón de trastorno psíquico con el nuevo sistema de protección de las personas con discapacidad», *Estudios de Derecho Privado en homenaje al profesor Salvador Carrión Olmos* (Dir. DE VERDA Y BEAMONTE), Tirant lo Blanch, 2022, pp. 691-713; SÁNCHEZ RUBIO, A., *Internamientos no voluntarios por razón de trastorno psíquico. Uso y abuso de una medida excepcional que precisa de una profunda reforma*, Aranzadi, 2024. *Vid.* Acuerdo adoptado por el pleno Consejo General del Poder Judicial en su reunión del día 29 de noviembre de 2018, por el que se aprueba el Informe sobre el Anteproyecto de Ley por la que se reforma la legislación civil y procesal en materia de discapacidad.

institucionalización y los tratamientos forzosos con motivo de discapacidad»[12].

2. El artículo 763 de la Ley de Enjuiciamiento Civil

El internamiento no voluntario afecta directamente al derecho fundamental del art. 17 CE y, qué duda cabe, que sus efectos son especialmente gravosos para quien sufre esta forma de privación de libertad[13], aun cuando la finalidad sea la prestación de tratamientos médicos y/o cuidados asistenciales[14], constatándose así la especial importancia de esta institución.

---

12   Informe disponible en: http://www.convenciondiscapacidad.es/wp-content/uploads/2020/05/Informe-España-2019_1.pdf. En el mismo sentido, el informe España 2020, elaborado por la Delegación del CERMI para los Derechos Humanos y para la Convención de la ONU, de fecha 2021. Disponible en https://www.consaludmental.org/publicaciones/Derechos-Humanos-Discapacidad-2020.pdf

13   *Vid.* las observaciones finales sobre informes periódicos segundo y tercero combinados de España realizadas por el Comité sobre los Derechos de las Personas con Discapacidad, en el año 2019, donde pone de manifiesto que: *«al Comité le preocupa que: a) El artículo 763 de la Ley de Enjuiciamiento Civil siga permitiendo que las personas con discapacidad psicosocial o intelectual sean objeto de internamiento no voluntario en instituciones en las que pueden resultar privadas de su libertad y ser sometidas a tratamiento médico forzado y medidas de contención mecánica (...)».* Y acaba recomendando al Estado español que *«a) Revise o derogue todas las disposiciones legislativas, incluido el artículo 763 de la Ley de Enjuiciamiento Civil, para prohibir el internamiento y el tratamiento forzados por motivos de discapacidad y garantizar que las disposiciones relativas a la salud mental tengan un enfoque basado en los derechos humanos».*

14   Circular de la Fiscalía General del Estado 2/1984, de 8 de junio, en torno al artículo 211 del Código Civil: el internamiento de incapaces presuntos, la cual expone que *«se encuadra así el artículo 211 dentro del espíritu de normas fundamentales conforme a las cuales cuando el ejercicio del derecho a la salud protegido en el artículo 43 de la Constitución exija la utilización de servicios de asistencia psiquiátrica, ésta deberá llevarse a cabo sin vulnerar el derecho a la libertad que reconoce el artículo 17, con mayor razón si se tiene en cuenta, además, que el internamiento supone un sacrificio de libertad más grave que la estricta detención, pues a la privación de libertad de movimientos se agrega la disminución de la libertad moral».*

Como anticipábamos, con la entrada en vigor de la Ley 1/2000, de 7 de enero, de Enjuiciamiento Civil, los internamientos no voluntarios se regirán por lo dispuesto en el art. 763[15], precepto que permanece invariable desde ese momento[16] y cuyos aspectos generales se exponen a continuación.

En primer lugar, el texto legal no aporta una definición de *«trastorno psíquico»*, por lo que debemos acudir a la jurisprudencia para entender qué enfermedades comprende la terminología. En este sentido, se considera que el art. 763 LEC, además de la enfermedad mental, incluye otras patologías seniles que aparecen durante la tercera edad, como el Alzheimer, Parkinson y aquellas que producen un deterioro cognitivo.

En segundo lugar, la norma no especifica el tipo de centro en el que se puede producir el internamiento y no ofrece una respuesta clara al internamiento de personas de edad avanzada en residencias, aun cuando la jurisprudencia ha delimitado el tema —con división de pareceres—.

En tercer lugar, el precepto aparece desubicado en la LEC, integrándose en los recién nombrados *«procesos sobre adopción de medidas judiciales de apoyo a las personas con discapacidad»*, sin que aparezca como un procedimiento especial de internamiento, lo cual merece una reflexión.

Pueden diferenciarse dos modalidades de internamiento en función del momento en que se produzca[17]: 1) el internamiento involuntario ordinario, que requiere auto-

---

15   Al margen del insuficiente tratamiento normativo de nuestra ley procesal, a nivel autonómico los legisladores sí han previsto el internamiento de ancianos en centros residenciales, como es el caso del legislador andaluz. *Consúltese* la Ley 6/1999, de 7 de julio, de Atención y Protección a las Personas Mayores; Ley 9/2016, de 27 de diciembre, de Servicios Sociales de Andalucía.

16   LÓPEZ EBRI, G. A., «Restricciones involuntarias a las personas con discapacidad desde la óptica del derecho fundamental a la libertad», *Anales de la Academia Matritense del Notariado,* tomo 60, 2020.

17   CORTÉS DOMÍNGUEZ, V. y MORENO CATENA, V., *Derecho Procesal Civil. Parte especial.* Tirant lo Blanch, 2023.

rización judicial previa; 2) el internamiento involuntario adoptado con carácter urgente, cuya autorización judicial se emite con posterioridad a la adopción de la medida[18]. En este último caso, existe un control a posteriori, donde el juez podrá ratificar o alzar la medida[19].

En cuanto a la competencia objetiva se residencia en los Juzgados de Primera Instancia (arts. 45 LEC y 85.1 LOPJ), mientras que la territorial corresponde al tribunal del lugar de residencia de la persona afectada (art. 763.1 LEC). Para los supuestos de internamientos urgentes, la competencia se atribuye al tribunal del lugar donde radique el centro en el que se haya producido el internamiento.

En relación con la legitimación, ésta carece de un tratamiento específico en el mencionado precepto, que debe completarse con los arts. 757 y 762 LEC. Sobre ello hacemos las siguientes consideraciones:

a) No queda claro si el MF es parte legitimada para instar la medida, por lo que sería conveniente que el legislador aclarara si ostenta legitimación para ello.

b) También existen dudas sobre la legitimación del afectado para instar su propio internamiento, cuando la nota esencial es la ausencia de voluntariedad del internamiento, cuya probabilidad es escasa debido a la falta de capacidad, ya que asume la posición pasiva, es decir, es el sujeto contra el que se ejercita la acción[20]. Este aspecto precisa de un tratamiento legal preciso y exhaustivo.

---

18   CABAÑAS GARCÍA, J. C., «Internamiento involuntario urgente por razones de trastorno psíquico y tutela del derecho fundamental a la libertad personal», *ADC*, Tomo LXV, fasc. IV, 2012, pp. 2697-2736.

19   RODRÍGUEZ LAINZ, J. L., «El internamiento involuntario urgente en centro psiquiátrico en clave constitucional», *Diario La Ley,* n.º 8763, Sección Doctrina, 2016; DE LUCCHI LÓPEZ-TAPIA, Y., «La modificación de la capacidad de obrar. El internamiento no voluntario por razón de trastorno psíquico», XVI World Congress on Procedural Law, 2019. Disponible en: https://riuma.uma.es/xmlui/handle/10630/18790?show=full

20   SÁEZ GONZÁLEZ, J., «Intervinientes en los procesos por internamiento por trastorno psíquico», *El acceso a la justicia* (Coord. ROCA MARTÍNEZ, J.M.), Tirant lo Blanch, 2018, pp. 565-579.

c) En relación con los internamientos urgentes, no se especifica el momento de inicio del cómputo para que el juez ratifique o alce la medida, es decir si el plazo de setenta y dos horas comienza desde el registro de entrada judicial de la comunicación por parte del centro o, por el contrario, desde la dación de cuenta al juez[21].

d) En relación con la postulación, su regulación se contiene en el art. 758 LEC por remisión del art. 763 de la citada ley, el cual otorga un carácter potestativo.

---

21 La STS 715/2022, de 10 de junio se ha pronunciado al respecto, estableciendo que, debido a la importancia del derecho fundamental afectado, y aun cuando la comunicación no pueda ser atendida en el momento que ingresa, no obsta para entender que «*el plazo corre desde el mismo momento en que se produce la comunicación del internamiento*», con base en la doctrina del TC. En este sentido, reproduce la STC 182/2015, de 7 de septiembre, donde se manifiesta que «*(...) parece que la interpretación efectuada por los órganos judiciales pretende conciliar los plazos estatuidos en el art. 763.1 LEC con los condicionantes impuestos por la infraestructura del reparto de asuntos, principalmente derivados de la ausencia de un servicio de guardia durante los fines de semana. Sin embargo, desde la perspectiva constitucional en que se sitúa este Tribunal debemos desautorizar esa exégesis, pues no es dable alcanzar tal armonización mediante el reconocimiento de un lapso temporal intermedio —el tiempo que el asunto tarda en ingresar en el órgano judicial al que por reparto corresponde conocer—, que se ubica entre la comunicación del internamiento al Decanato y la operatividad del plazo judicial de 72 horas. Si admitiéramos tal posibilidad, el rigor hermenéutico con que se han de abordar las limitaciones del derecho a la libertad personal quedaría sustancialmente atenuado, con el consiguiente detrimento de las garantías establecida en el art. 17.1CE. Por otra parte, la determinación del dies a quo del plazo para la ratificación judicial del internamiento quedaría a expensas de un factor voluble e indeterminado, lo cual es incompatible con los principios de certidumbre y taxatividad inherentes a cualquier medida privativa de libertad. En suma, desde la obligada pauta interpretativa que propicia la mayor efectividad del derecho fundamental y la correlativa interpretación restrictiva de sus límites, que hemos proclamado en diferentes resoluciones concernientes al derecho fundamental a la libertad personal (entre otras, SSTC 19/1999, de 22 de enero, FJ 5; 57/2008, de 28 de abril, FJ 6, y 152/2013, de 9 de septiembre ,FJ 5), afirmamos que la interpretación constitucionalmente adecuada del segundo párrafo del art. 763.1 LEC no admite solución de continuidad entre la comunicación del internamiento involuntario, por parte de la autoridad médica, y el inicio del plazo de 72 horas estatuido para la ratificación judicial de esa medida, ni permite intercalar plazos implícitos entre esos dos acontecimientos procesales*».

En consecuencia, veta la posibilidad de formular una solicitud para la designación de abogado de oficio, porque tal como se dispone en el art. 6.3 de la Ley 1/1996, de 10 de enero, de asistencia jurídica gratuita, la defensa y representación por abogado y procurador será gratuita cuando su intervención sea preceptiva en el procedimiento judicial, o cuando no siéndolo se dé la excepción contemplada en el apartado a). Si bien es cierto que existen ciertas excepciones como la prevista en el art. 5.2 de la mencionada ley, depende de la valoración que realice la Comisión de Asistencia Jurídica Gratuita para el reconocimiento de tal derecho.

En nuestra opinión sería conveniente una reforma que impusiera la obligatoriedad de la intervención letrada y la representación por procurador, nombrándose de oficio cuando no conste la libre designación, porque la intervención facultativa puede impedir el correcto ejercicio del derecho de defensa. Esto es así porque quien carece de plenas facultades psíquicas probablemente no tiene la capacidad suficiente para decidir sobre la libre elección de abogado de confianza y, en caso, de no nombrarlo interviene por sí mismo sin que proceda la designación de oficio[22].

3. La doctrina jurisprudencial sobre la aplicación del artículo 763 LEC a los internamientos en centros residenciales

La evolución social ha transitado de un modelo de familia que cuidaba a sus familiares, especialmente a sus mayores, a otro donde la mayor parte de los miembros de la unidad familiar cuentan con cargas personales y laborales que le impiden prestar una asistencia completa, viéndose obligados a encomendar la tarea a cuidadores o cen-

---

22 Según el art. 758 LEC si no comparece con su propia defensa y representación será defendido por el Ministerio Fiscal siempre que sea el promotor de procedimiento.

tros especializados, y aunque es cierto que existen ayudas de asistencia a domicilio, a veces son insuficientes. El problema aparece cuando la persona alcanza una edad, sufre una enfermedad degenerativa o similar, carece de la capacidad para autogobernarse y para decidir por sí mismo y precisa cuidados asistenciales y/o médicos. Ante la imposibilidad para prestar válidamente el consentimiento, se plantea la idoneidad de la preceptiva autorización judicial para el internamiento[23].

La aplicación del art. 763 a los internamientos no voluntarios de personas mayores en centros residenciales genera distintas interpretaciones doctrinales y jurisprudencias que cuestionan la adecuación de la medida y la necesidad de regular legalmente estas situaciones específicas, careciendo de una respuesta uniforme[24].

Recordemos que de la lectura del mencionado artículo son sujetos pasivos de la medida: a) quien padezca un trastorno psíquico; b) que precise de tratamiento médico psiquiátrico; c) necesite el internamiento como consecuencia de la imposibilidad de prestar el consentimiento.

Con base en estos presupuestos, si realizamos una interpretación estricta del art. 763 LEC, la definición de «*trastorno psíquico*» se refiere a quienes padecen algún tipo de enfermedad mental, lo cual limitaría una aplicación extensiva del precepto a aquellas enfermedades que no estén relacionadas con la alteración psíquica (como la bipolaridad o esquizofrenia). Por ello, la duda surge en relación con enfermedades neurodegenerativas o aquellas otras asociadas a la edad del enfermo, como son la demencia, Parkinson, Alzheimer, etc.[25].

---

23 Rodríguez Álvarez, A., «Sobre el internamiento involuntario de ancianos no incapacitados en centros geriátricos», *Diario La Ley*, n.º 7958, sección tribuna, 2012.

24 Julve Hernández, M. M., *Tesis doctoral la protección jurídico-civil de la persona que sufre enfermedad mental: el internamiento urgente no voluntario*, 2017.

25 Noriega Rodríguez, L., «La interpretación jurisprudencial sobre el internamiento no voluntario por razón de trastorno psíquico», *Rev. Boliv. de Derecho*, n.º 30, julio 2020, pp. 76-99.

Sobre este particular, ya se ha pronunciado el Tribunal Constitucional, en la sentencia 34/2016, de 29 de febrero, aclarando que *«entre los trastornos que permiten incoar el procedimiento del art. 763 LEC se encuentran comprendidas las deficiencias y enfermedades seniles de involución mental (por lo común de tipo degenerativo) asociadas a la tercera edad»*[26], realizándose una interpretación flexible del término.

En estos supuestos, el problema aparece sobre la finalidad del internamiento, que parece que se aparta de la prevista en el art. 763 LEC. Es decir, si es adecuada su aplicación a los internamientos que tienen una mera finalidad asistencial, no terapéutica, o combinada, porque a veces estas situaciones son permanentes y los internos no suelen presentar mejoría alguna.

Por tanto, se pueden distinguir tres situaciones: 1) el internamiento con fines asistenciales, con el objetivo de proporcionar alojamiento, cuidado personal, manutención, etc.; 2) aquel destinado a ofrecer un tratamiento terapéutico al paciente, que persigue la curación e impedir el progreso de la enfermedad; 3) el internamiento con una finalidad mixta, combinando el tratamiento terapéutico con la asistencia al enfermo. En este último supuesto, señalamos que algunos centros residenciales ejercen esta función combinada, pues además de proporcionar los cuidados asistenciales necesarios al enfermo también suministran el tratamiento terapéutico.

En otro término, el artículo tampoco delimita la tipología de *«centro»*, apareciendo una mención en el apartado segundo cuando se refiere al internamiento de menores de edad en *«establecimientos de salud mental»*[27]. Esta

---

26 *Véase* también los pronunciamientos de las Audiencias Provinciales en relación con enfermedades de tipo degenerativo: Auto de la Audiencia Provincial de Granada n.º 54/2021, de 12 de marzo; SAP de Granada n.º 15/2018, de 9 de febrero; Auto de la Audiencia Provincial de Cádiz n.º 224/2017, de 6 de octubre.

27 DE VERDA Y BEAMONTE, J. R., «El internamiento involuntario de ancianos en centros geriátricos en el Derecho español», *Actualidad jurídica iberoamericana*, n.º 4, febrero 2016, pp. 9-28; SÁNCHEZ RUBIO,

indefinición permite una interpretación amplia del precepto, sin que excluya expresamente a los centros hospitalarios o geriátricos. Al respecto, el Tribunal Constitucional, en su sentencia 13/2016, de 1 de febrero, argumenta que *«es pues este último, el responsable de cada centro, quién permite que se materialice la privación de libertad de quien ingresa (o ya residía antes, por entrada voluntaria), si el centro dispone de médicos psiquiatras que puedan emitir informe que diagnostique el trastorno mental del afectado y motive en su caso la necesidad del internamiento, y si el centro cuenta con los equipos y recursos materiales (medicinas, etc.) que se requieran para el cuidado integral del interno y para iniciar el tratamiento terapéutico que precise. En este contexto, nada obsta a que una residencia geriátrica pueda ser el "centro" al que se refiere el art. 763.1 LEC, siempre que, además de cumplir con todos los requerimientos legales y administrativos para su funcionamiento, se halle en condiciones de cumplir con esas condiciones imprescindibles para el tratamiento psiquiátrico»*.

Por otra parte, en relación con el sometimiento de la medida a control judicial ha sido un tema debatido, basado en el padecimiento o no de trastorno psíquico, aunque actualmente existe una corriente que aboga por el control judicial, bien de forma previa o posterior a modo de ratificación (o alzamiento) de la medida ya ejecutada[28], aun cuando el internamiento tenga finalidad asistencial[29].

A., «Comparativa jurídico-legal entre dos procesos de menores: el internamiento por trastorno psíquico vs. el ingreso por trastorno de conducta», *Derecho procesal: retos y transformaciones* (Dir. BUJOSA VADELL, L. M.), Atelier, 2021, pp. 729-739; ZURITA MARTÍN, I. «El internamiento de personas mayores en centros geriátricos o residenciales», *Responsabilidad derivada del internamiento de personas mayores dependientes en centros residenciales* (Coord. ZURITA MARTÍN, I.), Bosch, 2008, pp. 19-64.

28   Auto de la Audiencia Provincial de La Coruña n.º 158/2019, de 10 de diciembre.

29   Auto de la Audiencia Provincial de Sevilla n.º 399/2018, de 4 de diciembre.

En este lugar, vamos a referirnos al procedimiento del art. 763 LEC para este tipo de internamientos, donde las Audiencias Provinciales mantienen posturas enfrentadas:

– Por un lado, aquellas que sostienen que el art. 763 LEC da cobertura a este tipo de situaciones, aun cuando la finalidad del internamiento no sea exclusivamente terapéutica, aplicándose también a aquellos cuyo objetivo es asistencial y permanente, con la intención de cubrir los cuidados vitales que presentan las personas de edad avanzada[30];

– Y, por el contrario, quienes se postulan a favor de no aplicar el mencionado precepto, debido a que con frecuencia son patologías que se prolongan en el tiempo, sin expectativa de mejora; y ese no es el espíritu del precepto que contempla el internamiento de forma excepcional y temporal[31].

Entre los pronunciamientos contrarios a la aplicación del art. 763 LEC destaca el auto n.º 96/2023, de 13 de abril, de la Audiencia Provincial de Sevilla, cuyo supuesto de hecho versa sobre un internamiento involuntario en centro residencial a causa de padecimiento de la enfermedad de Parkinson. Las circunstancias familiares del enfermo no eran las idóneas, debido a que su mujer también estaba enferma y no facilitaba la prestación de la ayuda a domicilio y su hijo carecía de actividad retribuida. Por ello, el informe forense determina que el enfermo no goza de las capacidades suficientes para prestar un consentimiento válido para ser internado, admitiéndose que no requiere necesariamente un internamiento en centro psiquiátrico, más bien necesita de apoyo continuo para la realización de las actividades diarias; por tanto, aconseja un internamiento en un centro adaptado a las necesidades del paciente.

---

30 Auto de la Audiencia Provincial de La Coruña n.º 140/2023, de 31 de julio.

31 Auto de la Audiencia Provincial de Granada n.º 15/2018, de 9 de febrero.

No obstante, el Juzgado de Primera Instancia ordena el internamiento conforme con el art. 763 LEC, con base en la imposibilidad de prestación del consentimiento y los cuidados que precisa. Contra esta resolución se interpone recurso de apelación por la persona que padece la enfermedad, con fundamento en la vulneración de los derechos a la asistencia jurídica y a la libertad personal.

Los argumentos vertidos por la Audiencia Provincial de Sevilla son de especial interés, entre otros motivos porque señala que la única norma aplicable a los internamientos involuntarios es el art. 763 LEC, aunque previsto para un supuesto de hecho distinto, es decir, se aplica para casos de trastorno psíquico, con finalidad curativa y temporal.

Consideramos que el espíritu de la norma es dotar de cobertura legal a aquellas situaciones que exigen un internamiento por padecimiento de una enfermedad mental, con objeto de suministrar tratamiento médico urgente con una finalidad curativa o terapéutica. Estos presupuestos no se cumplen en el supuesto de hecho planteado, porque el enfermo no cuenta con una enfermedad mental, ni su internamiento tiene vocación de temporalidad, y la finalidad del mismo es asistencial.

Finalmente, se acuerda la nulidad de todo lo actuado y se ordena la sustanciación del procedimiento con la representación letrada del apelante y del MF, como legitimados activos.

A pesar de las interpretaciones divergentes de la jurisprudencia menor, el posicionamiento de nuestro Tribunal Constitucional es especialmente relevante, porque ha concretado los puntos clave y ha admitido la aplicación del art. 763 LEC a este tipo de internamientos, como se expone a continuación:

– En primer lugar, mencionamos nuevamente la STC 13/2016, de 1 de febrero, que versa sobre la situación que sufre una mujer de setenta y dos años con síndrome de Diógenes y deterioro cognitivo. El Juez de Primera Instancia n.º 30 ordena el internamiento, tras la valoración por parte de las trabajadoras sociales, siendo esta medida confirmada por la Audiencia Provincial, a consecuencia de la interposición del recurso de apelación.

Más tarde, la defensa de la mujer interpone recurso de amparo con base en el incumplimiento del plazo de veinticuatro horas que rige en los internamientos urgentes, así como en la ausencia de trastorno psíquico como presupuesto exigible para adoptar la medida.

La sentencia aboga por una interpretación extensiva del art. 763 LEC, permitiendo su aplicación a los internamientos en residencias geriátricas, si cuentan con los equipos y recursos materiales necesarios para el cuidado del enfermo, así como con posibilidades para proporcionarle el tratamiento psiquiátrico.

En cuanto al procedimiento, se concluye que se incumplió el plazo legal previsto para efectuar la comunicación y tampoco se realizó por quien era competente para materializarla, que recaía en el director de la residencia.

En relación con el preceptivo informe médico que justifique la medida, se aportó informe del equipo de trabajadores sociales, que no hicieron una valoración médica sobre el posible trastorno psíquico. Al respecto, reproducimos literalmente el argumento vertido por su importancia: *«no cabe por tanto reprochar al Samur social remisión de informe, pero sí al Juzgado a quo el haberlo considerado suficiente para, tras incoar el procedimiento, no ordenar de inmediato la puesta en libertad de la recurrente sino continuar su tramitación, cuando era evidente que la privación ilegítima de libertad ya se había consumado, al faltar el doble presupuesto requerido para llevar a cabo la medida sin la previa autorización del Juez competente por el responsable del centro, con fundamento en un informe médico que acredite el trastorno psíquico justificante del internamiento urgente»*. En consecuencia, se acabó estimando la demanda por vulneración del derecho a la libertad personal.

– En segundo lugar, la citada sentencia del Tribunal Constitucional 34/2016, de 29 de febrero, se basa en un procedimiento de internamiento no voluntario de una anciana iniciado a solicitud del Ministerio Fiscal, con fundamento en la falta de capacidad de autogobierno a causa del padecimiento de Alzheimer.

La discrepancia surge entre el Ministerio Fiscal y los órganos judiciales competentes, quienes cuestionan la adecuación del procedimiento que se sigue, bien por la vía del art. 763 LEC o dentro del proceso de incapacidad de los arts. 756 a 762 de la citada ley. En este caso, la solicitud de autorización judicial se cursa con posterioridad al internamiento con base en la urgencia de la medida adoptada, motivo por el cual tanto el Juzgado de Primera Instancia n.º 15 de las Palmas de Gran Canaria como la Audiencia Provincial desestiman la solicitud de internamiento no voluntario.

El TC por la especial trascendencia constitucional de la materia y con el afán de aclarar la doctrina previa, sitúa el debate en: 1) la posibilidad de regularizar internamientos involuntarios de personas por razón de trastorno psíquico que ya se encuentran ejecutados previamente; 2) y, la valoración sobre la inadecuación del procedimiento del art. 763 LEC para regularizar el internamiento aquí discutido.

Respecto al primero de los problemas, el TC recuerda que su posición es la exigencia de control judicial previo y concluye que en el presente caso *«no resulta posible hablar de regularización de un internamiento involuntario que se prolonga durante días, semanas o meses sin autorización del Juez, sea en un hospital, centro sociosanitario o en su caso residencia geriátrica (...)».* No cabe regularizar lo que no es mera subsanación de formalidades administrativas, sino directa vulneración de un derecho fundamental (art. 17.1 CE)».

Por otro lado, en relación con uno de los presupuestos exigibles del art. 763 LEC, como es el padecimiento de trastorno psíquico, la meritada sentencia se hace eco del pronunciamiento dictado por la Sección *ad quem* de la Audiencia y expone el criterio aplicado a casos análogos, entendiendo que «*entre los trastornos que permiten incoar el procedimiento del art. 763 LEC se encuentran comprendidas las deficiencias y enfermedades seniles de involución mental (por lo común de tipo degenerativo) asociadas a la tercera edad*».

Por otro lado, el tribunal entiende que el cauce procesal es inadecuado, pues se debería haber recurrido a la vía de los arts. 756 y siguientes de la Ley de Enjuiciamiento Civil en relación con el proceso de declaración de incapacitación.

Finalmente, el TC estima la demanda de amparo y declara vulnerado el derecho a la libertad personal, ordenando su restablecimiento.

Una vez analizada la doctrina, finalizamos el presente estudio con algunas consideraciones:

Con independencia de la finalidad de la medida, parece claro que ha de regirse por el procedimiento establecido, en aras de salvaguardar los derechos de la persona afectada. Sobre ello se pronuncia Sánchez-Calero Arribas que defiende que la finalidad de la norma es impedir que el internamiento se lleve a cabo sin sometimiento a control judicial, siendo indiferente que se interne en un hospital o en una residencia de la tercera edad[32].

Ante la ausencia de regulación específica, y dada la amplitud con la que está redactado el art. 763 LEC, su aplicación al supuesto de ingreso en centros geriátricos no está expresamente prohibida y, aun cuando la intención del legislador no fuera ésta, el cambio social y la realidad actual ha llevado a una interpretación extensiva del precepto que no deje sin cobertura estos supuestos de hecho[33].

---

32   Sánchez-Calero Arribas, B., *El internamiento involuntario por razón de trastorno psíquico,* Tirant lo Blanch, 2023, pp. 115 y ss.

33   *Vid.* Sánchez Rubio, A., «El internamiento involuntario por razón de trastorno psíquico y su inapropiada extensión a supuestos de carácter

Según nuestro criterio, debemos respetar el espíritu de la norma, que no es otro que el carácter excepcional y temporal de la medida[34]. En este sentido, es clave la finalidad del internamiento, porque lo más probable es que la persona afectada por deterioros cognitivos de carácter irreversible precise de cuidados asistenciales, más que terapéuticos, porque no se espera una mejoría de la enfermedad, por lo que parece que el internamiento se dilatará en el tiempo de forma permanente. Los presupuestos de excepcionalidad y temporalidad de la medida no se cumplen en estas situaciones que tienden a perpetuarse en el tiempo por el carácter irreversible de la enfermedad y no encajan en el art. 763 LEC.

Por otro lado, de forma menos probable, también puede suceder que la persona de tercera edad aquejada de una enfermedad requiera de cuidados terapéuticos y que exista previsibilidad de mejora, en cuyo caso estamos ante un supuesto de hecho distinto, con finalidad terapéutica y temporal.

En conclusión, consideramos que la clave para encajar dichos supuestos en la aplicación del art. 763 LEC reside en la temporalidad o no del internamiento y en la fina-

---

asistencial o residencial», *La Administración de Justicia en España y en América: José Martín Ostos (liber amicorum)* (Dir. MARTÍN RÍOS, P. y PÉREZ MARÍN, M. A.), Astigi, 2021, p. 1819. La autora distingue dos situaciones para la aplicación del art. 763 LEC, en función de finalidad del internamiento (asistencial o terapéutico). Concretamente, argumenta que *«puede ser que el anciano, además de deterioros propios de la edad, padezca un trastorno psíquico. Parece claro que, aplicando el anterior razonamiento en sentido contrario, podría afirmarse que el hecho de padecer un trastorno psíquico que le impida decidir por sí mismo, justifica que pueda utilizarse el cauce del art. 763 LEC para internar al anciano en contra de su voluntad o sin ella. Sin embargo, no considero que ello deba siempre ser así».*

34 Esta provisionalidad se evidencia claramente en la necesidad de que los facultativos emitan periódicamente informe sobre la situación médica del internado, al efecto de que el juez tome una decisión sobre el mantenimiento o alzamiento de la medida. Sobre sus características *Vid.* CALAZA LÓPEZ, S., «El proceso de internamiento no voluntario por razón de trastorno psíquico», *Revista de Derecho UNED,* n.º 2, 2007, pp. 175-225.

lidad del mismo[35]. Sería conveniente que, en una futura reforma, el legislador hiciera referencia a otro tipo de centros y estableciera un régimen jurídico para los internamientos de personas de avanzada edad en centros residenciales.

4. A modo de conclusión

La regulación del internamiento no voluntario de personas con trastorno psíquico presenta algunos déficits que han de ser solucionados, motivo por el cual se alzan voces que abogan por una derogación o reforma del art. 763 LEC.

El propio artículo no define qué ha de entenderse por «*trastorno psíquico*», aun cuando la jurisprudencia ha realizado un esfuerzo sería conveniente aclarar las dudas existentes en cuanto a la aplicación del precepto a quienes sufren enfermedades como la demencia o alzhéimer por razón de la edad, o incluso a quienes la padecen en edad temprana.

Especialmente, la aplicación del art. 763 de la Ley de Enjuiciamiento Civil a los internamientos de personas de avanzada edad en centros residenciales resulta cuestionada, porque parece evidente que el espíritu del legislador no era dar cobertura a estas situaciones. Si bien es cierto que, en la práctica, la falta de regulación específica ha llevado a ordenar los internamientos con base en dicha norma, con el aval incluso de la Fiscalía General del Estado. Igualmente, el Tribunal Constitucional se ha pronunciado a favor de esta interpretación amplia y confiere

---

35 *Cfr.* FARTO PIAY, T., «La aplicación del art. 763 LEC para supuestos de internamiento involuntario en centros residenciales tras la reforma en materia de discapacidad», *Logros y retos de la justicia civil en España* (Dir. JIMÉNEZ CONDE, F., BANACLOCHE PALAO, J. y GASCÓN INCHAUSTI, F.), Tirant lo Blanch, 2023, pp. 841 y ss. El autor sostiene una postura contraria, con base en que no hay impedimento legal para la aplicación del art. 763 LEC, siempre que se cumplan con los presupuestos exigidos, ya que la definición de «*trastorno psíquico*» se extiende a otras patologías propias de la tercera edad, aun cuando no concurra la reversibilidad en la situación de la persona afectada.

legalidad a los internamientos involuntarios de personas mayores en centros residenciales por el cauce del citado artículo. Aun cuando es un planteamiento aceptado, no significa que la solución se adapte a la regulación vigente y mucho menos a lo dispuesto en la Convención Internacional sobre los Derechos de las Personas con Discapacidad; obligándonos a una reflexión profunda sobre el tema.

En todo caso, queda despejada la incógnita del sometimiento de la medida a control judicial, entendiéndose incluidos aquellos que tienen como finalidad el internamiento en una residencia para personas mayores; de lo contrario se incurriría en una actuación ilícita.

Según nuestro parecer, conforme con la regulación vigente, la tramitación por este cauce procesal debe restringirse a aquellos internamientos que previsiblemente tienen carácter temporal, es decir, aquellos otros destinados a cuidados asistenciales y/o terapéuticos sin previsión de mejora de la enfermedad. De lo contrario, ante internamientos permanentes, se colisionaría con la naturaleza temporal de la medida.

La aplicación de esta medida tan restrictiva debe ser la *última ratio*, pues la alternativa consiste en proporcionar los recursos sanitarios y asistenciales necesarios para que la persona quede suficientemente atendida, sin necesidad de soportar la privación de su libertad.

En conclusión, la trascendencia y sensibilidad del tema no admite la falta de atención del legislador, por lo que a modo *de lege ferenda* urge una regulación específica que dote de cobertura jurídica a estas situaciones y recoja los distintos tipos de internamiento.

5. Bibliografía

BARRIO FLORES, L. F., «La regulación del internamiento psiquiátrico involuntario en España: carencias jurídicas históricas y actuales», *Estudios,* volumen 22, número 1, enero-junio 2012.

CABAÑAS GARCÍA, J. C., «Internamiento involuntario urgente por razones de trastorno psíquico y tutela del derecho fundamental a la libertad personal», *ADC,* Tomo LXV, fasc. IV, 2012.

CALAZA LÓPEZ, S., «El proceso de internamiento no voluntario por razón de trastorno psíquico», *Revista de Derecho UNED,* n.º 2, 2007.

CORTÉS DOMÍNGUEZ, V. y MORENO CATENA, V., *Derecho Procesal Civil. Parte especial.* Tirant lo Blanch, 2023.

DE LUCCHI LÓPEZ-TAPIA, Y., «La modificación de la capacidad de obrar. El internamiento no voluntario por razón de trastorno psíquico», XVI World Congress on Procedural Law, 2019. Disponible en: https://riuma. uma.es/xmlui/handle/10630/18790?show=full

DE VERDA Y BEAMONTE, J. R., «El internamiento involuntario de ancianos en centros geriátricos en el Derecho español», *Actualidad jurídica iberoamericana,* n.º 4, febrero 2016.

FARTO PIAY, T., «La aplicación del art. 763 LEC para supuestos de internamiento involuntario en centros residenciales tras la reforma en materia de discapacidad», *Logros y retos de la justicia civil en España* (Dir. JÍMENEZ CONDE, F., BANACLOCHE PALAO, J. y GASCÓN INCHAUSTI, F.), Tirant lo Blanch, 2023.

JULVE HERNÁNDEZ, M. M., *Tesis doctoral la protección jurídico-civil de la persona que sufre enfermedad mental: el internamiento urgente no voluntario,* 2017.

LÓPEZ EBRI, G. A., «Restricciones involuntarias a las personas con discapacidad desde la óptica del derecho fundamental a la libertad», *Anales de la Academia Matritense del Notariado,* tomo 60, 2020.

MARTÍNEZ CALVO, J., «Compatibilidad del internamiento involuntario por razón de trastorno psíquico con el nuevo sistema de protección de las personas con discapacidad», *Estudios de Derecho Privado en homenaje al profesor Salvador Carrión Olmos* (Dir. DE VERDA Y BEAMONTE), Tirant lo Blanch, 2022.

NORIEGA RODRÍGUEZ, L., «La interpretación jurisprudencial sobre el internamiento no voluntario por razón de trastorno psíquico», *Rev. Boliv. de Derecho,* n.º 30, julio 2020.

RODRÍGUEZ ÁLVAREZ, A., «Sobre el internamiento involuntario de ancianos no incapacitados en centros geriátricos», *Diario La Ley,* n.º 7958, sección tribuna, 2012.

RODRÍGUEZ LAINZ, J. L., «El internamiento involuntario urgente en centro psiquiátrico en clave constitucional», *Diario La Ley,* n.º 8763, Sección Doctrina, 2016.

SÁEZ GONZÁLEZ, J., «Intervinientes en los procesos por internamiento por trastorno psíquico», *El acceso a la justicia* (Coord. ROCA MARTÍNEZ, J.M.), Tirant lo Blanch, 2018.

SÁNCHEZ BARRILAO, J. F., «Régimen constitucional del internamiento involuntario y urgente por trastorno mental», *Revista de Derecho Político,* n.º 87, mayo-agosto 2013.

SÁNCHEZ-CALERO ARRIBAS, B., *El internamiento involuntario por razón de trastorno psíquico,* Tirant lo Blanch, 2023.

SÁNCHEZ RUBIO, A., *Internamientos no voluntarios por razón de trastorno psíquico. Uso y abuso de una medida excepcional que precisa de una profunda reforma,* Aranzadi, 2024.

SÁNCHEZ RUBIO, A., «Comparativa jurídico-legal entre dos procesos de menores: el internamiento por trastorno psíquico vs. el ingreso por trastorno de conducta», *Derecho procesal: retos y transformaciones* (Dir. BUJOSA VADELL, L. M.), Atelier, 2021.

SÁNCHEZ RUBIO, A., «El internamiento involuntario por razón de trastorno psíquico y su inapropiada extensión a supuestos de carácter asistencial o residencial», *La Administración de Justicia en España y en América: José Martín Ostos (liber amicorum)* (Dir. MARTÍN RÍOS, P. y PÉREZ MARÍN, M. A.), Astigi, 2021.

VICO FERNÁNDEZ, G., «Régimen jurídico aplicable a los internamientos involuntarios en centros geriátricos: especial referencia a la jurisprudencia del Tribunal Constitucional», *ADC*, tomo LXXII, fasc. I, 2019.

ZURITA MARTÍN, I. «El internamiento de personas mayores en centros geriátricos o residenciales», *Responsabilidad derivada del internamiento de personas mayores dependientes en centros residenciales* (Coord. ZURITA MARTÍN, I.), Bosch, 2008.

EL PODER TRANSFORMADOR DEL DERECHO DE LA UNIÓN EUROPEA Y SU IMPACTO EN EL PROCESO CIVIL ESPAÑOL[1]

Rafael Castillo Felipe
Profesor Contratado Doctor de Derecho Procesal
Universidad de Murcia

Salvador Tomás Tomás
Profesor Contratado Doctor de Derecho Procesal
Universidad de Murcia

1. Introducción

El objeto de este trabajo se ha diseñado atendiendo a las características de la obra colectiva en la que se inserta. Estando este volumen dedicado a las tendencias del Derecho procesal, hemos considerado pertinente identificar una línea viva de trabajo, esto es, un terreno fértil para el cultivo de ulteriores investigaciones de Derecho procesal. Por ello, en vez de abordar un tema muy específico de

---

1   El presente trabajo se ha realizado en el marco del proyecto de investigación «El proceso desigual: razón, diagnóstico y propuestas de intervención» (PID2022-139585OB-I00), financiado por la Agencia Estatal de Investigación (Ministerio de Ciencia e Innovación) y la Unión Europea. La elaboración del mismo se ha llevado a cabo en estricto régimen de coautoría. No obstante, a los efectos de la Agencia Nacional de Evaluación de la Calidad y Acreditación (ANECA), el prof. Rafael Castillo Felipe ha elaborado los apartados I, II y III y el prof. Salvador Tomás Tomás el apartado IV. Esta contribución fue enviada y aceptada para su publicación el 3 de febrero de 2024.

carácter novedoso, hemos preferido echar la vista atrás para recapitular acerca de cómo el Derecho de la Unión Europea (en adelante, UE) ha transformado nuestra visión del proceso civil en los últimos diez años. No pretendemos, por tanto, descubrir nada nuevo, sino sólo recordar con espíritu crítico algunas conclusiones alcanzadas y examinar su eventual desarrollo en el ordenamiento[2].

Para abordar el impacto del Derecho de la UE sobre el proceso civil nacional hay que partir, como es sabido, de la singularidad del Derecho procesal. En este ámbito, al menos teóricamente, rige el principio de autonomía procesal de los Estados miembros[3], de modo que cada país conserva su Derecho procesal, a través del cual aplica las normas de la UE. La única excepción a este principio vendría dada por la posibilidad de la Unión de dictar normas procesales en el marco de la cooperación civil en materia de asuntos de transfronterizos (art. 81 Tratado de Funcionamiento de la Unión Europea —en adelante, TFUE—).

Ahora bien, las exigencias de funcionamiento y efectividad del sistema jurídico de la UE han conducido a que su influencia en el proceso civil nacional, incluso en casos puramente domésticos o no transfronterizos, haya acabado siendo mucho mayor de lo que inicialmente pudo vislumbrarse.

En efecto, son varias las formas a través de las cuales el Derecho de UE se ha ido filtrando por las costuras del sistema procesal nacional, condicionando el contenido de sus normas, moldeando su propia arquitectura, e incluso desactivando algunas de sus categorías tradicionales.

---

2   Para abordar el objeto de nuestro trabajo acudiremos a la abundante bibliografía que se ha publicado en los últimos años en la materia. Sin embargo, dada la limitación de espacio establecida y lo fecundo de las contribuciones científicas, renunciamos a cualquier pretensión de exhaustividad en este punto.

3   Con todo, somos conscientes de que los contornos de este principio son difusos e incluso hay quien llega a negar su existencia, tal y como han puesto de relieve LAW, Stephanie y NOWAK, Janek, «Procedural harmonisation by the European Court of Justice» en GASCÓN INCHAUSTI, Fernando y HESS, Burkhard (eds.), *The future of the European Law of Civil Procedure,* Interesentia, Cambridge, 2020, p. 19.

Examinemos estas vías de transformación que, sin duda, integran una importante línea de trabajo de las investigaciones en Derecho procesal.

2. Las limitaciones al principio de autonomía procesal impuestas por el legislador europeo

El legislador europeo ha condicionado el sistema procesal nacional a través del dictado de normas procesales en su ámbito de competencia[4]:

A) Con la promulgación de procesos especiales para asuntos transfronterizos

La vigencia de las cuatro disposiciones que recogen genuinos procesos europeos [fundamentalmente, los Reglamentos por los que se establece un título ejecutivo europeo (n.º 805/2004), el proceso monitorio europeo (n.º 1896/2006), el proceso europeo de escasa cuantía (n.º 861/2007), y la orden europea de retención de cuentas (n.º 655/2014)], pensadas para cuestiones transfronterizas, ha provocado cambios en las normas procesales nacionales aplicables a asuntos domésticos. Así sucedió con la reforma de las reglas de postulación de la Ley de Enjuiciamiento Civil (en adelante, LEC): cuando esta norma entró en vigor la cantidad máxima que un ciudadano podía reclamar en un proceso sin necesidad de valerse de abogado y procurador era de 900 euros. En el año 2011 esa cuantía se elevó hasta los 2.000 euros, con el fin de que coincidiera con la cuantía máxima que entonces podía reclamarse en el marco del proceso europeo escasa cuantía.

---

4 *Un tratamiento exhaustivo de esta y otras cuestiones que se expondrán a continuación,* puede verse en GASCÓN INCHAUSTI, Fernando, *Derecho europeo y legislación procesal civil nacional: entre autonomía y armonización,* Marcial Pons, Madrid, 2018, *passim; Ídem,* «El diablo está en los detalles: la importancia de las normas procedimentales para el legislador europeo» en HERRERO PEREZAGUA, Juan Francisco y LÓPEZ SÁNCHEZ, Javier (Dirs.), *Aciertos, excesos y carencias en la tramitación del proceso,* Atelier, Barcelona, 2020, pp. 285-317.

Se observa, de este modo, cómo el legislador nacional, en la búsqueda de coherencia con la norma europea, acomoda el sistema interno. Y la transcendencia de esta labor de adaptación no es baladí: con el incremento cuantitativo de los casos en los que no es necesaria la intervención de abogado, se acaba relajando su actuación en el proceso civil, con paralela puesta a disposición de formularios que vienen a erigirse en el vehículo modelo para impetrar justicia en el siglo XXI[5]. Allá donde se excluya al abogado habrá un formulario disponible. El problema a resolver, claro está, es dónde se encuentra el límite para esta exclusión[6].

De igual modo, el proceso europeo de escasa cuantía contiene importantes degradaciones a la oralidad que ha presidido nuestras leyes procesales desde el año 2000 y que, de nuevo, parece estar en retroceso. Igualmente, fue pionero en la posibilidad de celebrar vistas telemáticas, técnica generalizada en el proceso civil tras el Real Decreto-ley 6/2023, de 19 de diciembre (entre otros y destacadamente, *vid.* arts. 129.2 y 4 y 129 bis LEC)[7].

---

5   Es una tendencia que puede constatarse en distintos ámbitos. Por citar algunos recientes, *vid.* la Ley 16/2022, de 5 de septiembre, que transpone la Directiva 2019/1023, en materia de insolvencia, ha generalizado el uso obligatorio del formulario para las partes en el procedimiento para microempresas, o el Anteproyecto de Ley de Acciones de representación que aspira a transponer la Directiva 2020/1818, cuyo art. 874 permite al consumidor ejercitar la acción ejecutiva sin postulación, empleando para ello un formulario.
    En relación con los problemas de adaptación de la norma procesal al formulario, *vid.* GARCÍA-ROSTÁN CALVÍN, Gemma, «Los formularios y el principio de legalidad», en HERRERO PEREZAGUA, Juan Francisco y LÓPEZ SÁNCHEZ, Javier (Dirs.), *Aciertos, excesos y carencias en la tramitación del proceso*, Atelier, Barcelona, 2024, pp. 87-102.

6   Sobre este particular, y sin que podamos en esta sede ahondar más, debemos destacar que existen estudios doctrinales que destacan los riesgos que comporta la autodefensa tanto para el justiciable como para el propio sistema de administración de justicia. *Vid.*, al respecto, ASSY, Rabeea, *Injustice in person. The right to self representation*, Oxford University Press, Oxford, 2015, *passim*.

7   *Vid.* asimismo los arts. 59 y ss. del referido Real Decreto-ley, o el art. 687 texto refundido del Texto Refundido de la Ley Concursal, en sede de procedimiento especial para microempresas.

Pero el legislador europeo no solo ha condicionado el proceso nacional a través de la mímesis de las normas nacionales con las promulgadas por instituciones europeas para los asuntos transfronterizos, sino que se observan otras vías de influencia.

B) A través de la armonización procesal en aras del funcionamiento del mercado interior

La competencia transversal relativa al funcionamiento del mercado interior que recoge el art. 114 TFUE ha servido al legislador europeo para dictar normas procesales o de alcance procesal que, contenidas en normas sustantivas, inciden en el sistema procesal nacional[8]. Baste pensar en las modificaciones de la LEC y en las adaptaciones de otras disposiciones procesales complementarias derivadas de la aprobación de normas de índole mercantil (v.gr., Directiva 2014/104/UE, de 26 de noviembre, por infracciones del Derecho de la competencia o Directiva 2016/943, de 8 de junio, en materia de secretos empresariales).

Del mismo modo, el aludido título competencial en materia de mercado de interior ha permitido al legislador europeo acometer reformas que persiguen el dictado de normas procesales nacionales en asuntos puramente internos. La necesidad de aproximar legislaciones procesales para proteger y perfeccionar tal mercado interior ha determinado que el legislador europeo desplace el principio de autonomía procesal de los Estados miembros y se convierta, de facto y al margen de los espacios de libertad que pueda conceder el instrumento de armonización, en el diseñador de las normas procesales nacionales y de su alcance.

Esta cuestión queda perfectamente ilustrada con dos intentos emprendidos de armonizar los procesos civiles nacionales. El primer texto que cabe citar es la Resolución del Parlamento Europeo, de 4 de julio de 2017, con

---

8   *Vid.* GASCÓN INCHAUSTI, Fernando, *Derecho europeo y legislación procesal civil nacional: entre autonomía y armonización,* cit., pp. 24 y ss. y 64 y ss.

recomendaciones destinadas a la Comisión sobre normas mínimas comunes del proceso civil en la UE[9]. La propuesta de Directiva ambicionaba conseguir, a través de un texto articulado, una armonización horizontal de los procesos civiles nacionales. A nuestro juicio, el título competencial invocado para proceder a una armonización de este alcance era insuficiente (art. 81 TFUE, con tímida alusión al art. 114 TFUE)[10]. De hecho, para justificar su existencia, la propuesta acababa redefiniendo lo «transfronterizo», descartando que el concepto de *«repercusión transfronteriza»* —en la adopción de medidas de cooperación judicial (art. 81.1 TFUE)— sea entendido como sinónimo de «litigio transfronterizo», e instando su aplicación *«no solo a los asuntos que entren dentro del ámbito de aplicación del Derecho de la Unión, sino en general a asuntos transfronterizos y puramente internos»*. Hoy por hoy, este intento, quizás en exceso quijotesco, duerme el sueño de los justos[11].

La segunda tentativa aludida *supra* es la Directiva (UE) 2020/1828, de 25 de noviembre, relativa a las acciones de representación para la protección de los intereses colectivos de los consumidores. Europa carece de un sistema de acciones colectivas unitario, sólido y consolidado, en contraposición a lo que sucede en EE. UU. Los Estados miembros, entre ellos España, han obviado, en líneas generales, los textos de *soft law* que buscaban una legislación unificada para la tutela eficaz de los consumidores que fuese capaz de aplacar el denominado desinte-

---

9   Disponible en: https://eur-lex.europa.eu/legal-content/ES/TXT/PDF/?uri=CELEX:52017IP0282 (Fecha de consulta: 20 de enero de 2024). Sobre este punto, *vid.,* de nuevo, GASCÓN INCHAUSTI, Fernando, *Derecho europeo y legislación procesal civil nacional: entre autonomía y armonización,* cit., pp. 72 y ss.

10   *Vid.* p. 4, letras N a R, pp. 5 y 6, n.º 9 a 13 de la citada Resolución.

11   Asimismo, en esta sede, debemos destacar las *European Rules of Civil Procedure*, aprobadas en 2020 por el *European Law Institute* y UNIDROIT, que constituye un instrumento de *soft law* de indudable valor ante cualquier intento armonizador que se persiga en el futuro. Al respecto, *vid.* GASCÓN INCHAUSTI, Fernando, «*Las European Rules of Civil Procedure*: ¿Un punto de partida para la armonización del proceso civil?», *Cuadernos de Derecho Transnacional,* vol. 13, n.º 1, 2021, pp. 277 a 297.

rés racional de estos a la hora de ejercitar sus derechos[12]. Ante tal situación, el legislador europeo decidió intervenir promulgando un texto que obligara a cierta armonización, y aquí es donde quedan al descubierto los problemas que la autonomía procesal de los Estados miembros puede generar en la consecución de un objetivo común, en este caso, la tutela adecuada de los consumidores.

En efecto, las posibilidades de configurar un modelo de tutela colectiva son prácticamente ilimitadas y pueden entrañar importantes modulaciones de principios procesales sólidamente asentados en los sistemas continentales. Por ejemplo, en las acciones colectivas de tipo resarcitorio, esto es, aquellas en las que un sujeto pide tutela para una pluralidad de afectados por un hecho dañoso, los modelos de *opt-out* plantean problemas en relación al derecho a la tutela judicial efectiva y a la disposición de los derechos de los particulares[13]. En un mercado único, la convivencia de modelos de exclusión con modelos de inclusión voluntaria puede acabar activando la cláusula de orden público, de manera que las sentencias dictadas en Estados con sistemas de *opt-out* puedan acabar no desplegando efectos en Estados que disponen de sistemas de *opt-in*.

En España, el régimen jurídico de las acciones colectivas es una de las cuestiones que precisan de una urgente reforma de la LEC. La regulación española es insuficiente y carece de importantes lagunas (*v.gr.*, en relación con las transacciones colectivas) que determinan la huida de los operadores jurídicos —jueces y abogados— hacia el

---

12   Realizamos este aserto pensando en la Recomendación 2013/396, de 11 de junio, sobre los principios comunes aplicables a los mecanismos de recurso colectivo de cesación o de indemnización en los Estados miembros en caso de violación de los derechos reconocidos por el Derecho de la Unión.

13   En relación al ordenamiento patrio, recientemente, *vid.* LÓPEZ SÁNCHEZ, Javier, «La desvinculación en las acciones de representación *(opt-out)* y el derecho a la tutela judicial efectiva», *Diario La Ley*, n.º 10282, 2023, que ha destacado el acierto del sistema *opt-out* delineado por el Anteproyecto de transposición de la Directiva.

proceso individual[14]. En estas líneas queremos al mismo tiempo destacar que, sin el acicate del legislador europeo, no se hubiera iniciado la reforma de estas disposiciones que, por el momento, se ha materializado en el Anteproyecto de Ley de acciones de representación para la protección de los intereses colectivos de los consumidores.

3. La influencia de los reglamentos de procedimiento y técnicas del Tribunal de Justicia de la Unión Europea

El influjo sobre los tribunales españoles de los Reglamentos de procedimiento y normas prácticas del Tribunal de Justicia de la Unión Europea (en adelante, TJUE) merece un tratamiento separado.

En primer término, actualmente, existe una inclinación en diferentes Tribunales de limitar la extensión de los escritos procesales de las partes en los recursos de apelación y de casación. El origen de esta novedosa restricción se localiza, precisamente, en las normas y directrices de procedimiento del TJUE —y del Tribunal Europeo de Derechos Humanos[15]—.

Esta tendencia de los tribunales comenzó, en el orden civil, sin sujeción a soporte legal alguno y se articuló a través de acuerdos o protocolos, que si bien pueden encon-

---

14   Sobre el tema acúdase a los trabajos de ORTELLS RAMOS, Manuel, «Tratamiento de litigios masivos. A propósito de la litigiosidad de la OPS de Bankia», *Revista General de Derecho Procesal,* núm. 38, 2016. Fecha de consulta: 30 de enero de 2024; «Litigiosidad masiva y proceso civil» en GARCÍA-ROSTÁN CALVÍN, Gemma y SIGÜENZA LÓPEZ, Julio (dirs.), *El proceso civil ante el reto de un nuevo panorama socioeconómico,* Thomson-Aranzadi, Navarra, 2016, pp. 223-256; «Tutela colectiva y petición de tutelas individuales conexas en el proceso civil español. Las normas y su aplicación» en ORTELLS RAMOS, Manuel y CUCARELLA GALIANA, Luis (coords.), *Litigiosidad masiva y eficiencia en la justicia civil,* Thomson-Aranzadi, Navarra, 2019, pp. 25-120.

15   BIAVATI, Paolo, «Las categorías del proceso civil a la luz del Derecho europeo», en JIMÉNEZ CONDE, Fernando, (Dir.) *Adaptación del Derecho procesal español a la normativa europea y a su interpretación por los tribunales,* Tirant Lo Blanch, Valencia, 2018, pp. 25 a 42, especialmente, pp. 32 y 33.

trar acomodo en otros sistemas en los que las direcciones prácticas adquieren una especial relevancia —véanse los sistemas de *common law* o incluso del propio TJUE—, son un cuerpo extraño en el proceso civil español[16]. En este, los requisitos de los actos procesales están expresamente sometidos al principio de legalidad. De este modo, en pro de la eficiencia procesal y del manejo del caso, se prescinde del sistema de fuentes, con desplazamiento de la ley como fuente reguladora de los actos procesales y sustitución de su contenido por la voluntad del tribunal[17].

En segundo lugar y en otro orden de cosas, debemos destacar el hipnótico influjo que la potestad jurisdiccional del TJUE y la forma en la que es ejercida producen en los tribunales de los Estados miembros. En España, como es sabido, fue muy controvertida la Sentencia del Tribunal Supremo (Sala 1.ª), de 9 de mayo de 2013[18], en la que el Alto Tribunal (en adelante, TS) limitó los efectos de la

---

16   Las Sala 3.ª y la Sala 1.ª del TS fueron las primeras en sumarse a las restricciones de extensión. En el caso de la Sala 3.ª antes incluso de que entrara en vigor la previsión que le amparaba para establecer una limitación de este tipo. En el caso de la Sala 1.ª mediante una interpretación discutible del antiguo art. 481 LEC. Posteriormente, la Audiencia Provincial de Madrid siguió esta senda exigiendo una extensión máxima de los recursos de apelación. El nuevo párrafo 8 del art. 481, introducido por el RD 5/2023, de 28 de junio, demuestra que la exigencia de concisión delineada a capricho del tribunal ha llegado para quedarse.

17   Sobre la cuestión, *vid.* SIGÜENZA LÓPEZ, Julio, «Excesiva extensión de los escritos procesales como posible causa de inadmisión de los recursos extraordinarios en el orden civil de la jurisdicción», *Revista Aranzadi Doctrinal*, n.º 4, 2021, fecha consulta: 28 de enero de 2024. Advirtiendo de los peligros de tales acuerdos de pleno no jurisdiccional, ARMENTA DEU, Teresa, «El recurso de casación y el valor de la jurisprudencia: el modelo del precedente y los Acuerdos no jurisdiccionales», *Estudios sobre la casación. Homenaje a Fernando Jiménez Conde*, Thomson Reuters-Aranzadi, 2021, pp. 48 y 49; CASTILLO FELIPE, Rafael, «Medidas para una justicia más ¿eficiente?: limitación de escritos procesales y sentencias orales» en LERDO DE TEJADA, M. *et al.* (Dirs.), *Derecho y pandemia desde una perspectiva global,* Thomson-Aranzadi, Navarra, 2021, pp. 135-150. Para un apunte sobre el denominado *«principio de concisión»* en Italia, *vid.* GRADI, Marco, «El coste de la burocratización de la Administración de Justicia» en HERRERO PERAZAGUA, Juan Francisco y LÓPEZ SÁNCHEZ, Javier (Dirs.), *La justicia tenía un precio,* Atelier, Barcelona, 2023, pp. 17-38, especialmente, pp. 27-28.

18   N.º de resolución 241/2013 (Roj: STS 1916/2013).

declaración de nulidad absoluta de las cláusulas suelo. La solución causó estupor en la mayor parte de operadores jurídicos. Sin embargo, se ha obviado que la solución se apoyaba, entre otros argumentos, en la jurisprudencia del TJUE[19] que permite limitar los efectos de los fallos del Tribunal cuando existe: a) buena fe entre los círculos afectados; y b) riesgo de que la sentencia en cuestión produzca un trastorno grave en caso de no adoptarse la limitación.

El TS español nacional emuló, así, la técnica de limitación de efectos de la sentencia que emanaba de la jurisprudencia europea, si bien no calculó las consecuencias que comportaba desactivar tales efectos tradicionales de la nulidad en pro de la efectividad del Derecho de la Unión.

4. El impacto de la jurisprudencia del Tribunal de Justicia de la Unión Europea. Los límites a la autonomía procesal que encarnan los principios de efectividad y equivalencia

Para concluir con este brevísimo ensayo debemos llamar la atención sobre el afilado instrumento que constituyen los principios de efectividad y equivalencia en manos del máximo intérprete del Derecho de la UE. Si ya KIRCHMANN advirtió que *«tres palabras rectificadoras del legislador y bibliotecas enteras se convierten en papel mojado»*[20], bien podemos señalar hoy que una sentencia del

---

19 Sentencia de la Sala 1.ª, de 21 de marzo de 2013, Asunto C-92/11 (RWE Vertrieb AG), apartados 59 y 60, con apoyo en otros pronunciamientos anteriores: de 10 de enero de 2006, Asunto C-402/03 (Skov y Bilka), apartado 51; de 18 de enero de 2007, Asunto C-313/05 (Brzesiński), apartado 56; de 3 de junio de 2010, Asunto C2/09 (Kalinchev), apartado 50; y de 19 de julio de 2012, Asunto C263/11 (Rēdlihs), apartado 59.

20 *Vid.* KIRCHMANN, Julius von, *La falta de valor de la jurisprudencia como ciencia,* NAVARRO DE LAS HERAS, Manual Alberto y MARTÍNEZ NEIRA, Manuel (trads.), Dykinson, Madrid, 2021, p. 30, disponible en: https://e-archivo.uc3m.es/handle/10016/32336#preview. Fecha de consulta: 30 de enero de 2024.

TJUE es capaz de cuestionar un entero sistema procesal o desactivar categorías tradicionales sólidamente asentadas.

A la vista de algunos pronunciamientos del TJUE, recaídos en relación a normas procesales nacionales, observamos este fenómeno. Por razones de espacio, y dada la especial afectación de categorías nucleares del proceso, hemos seleccionado sentencias dictadas en materia de consumo, aunque el fenómeno no es privativo de este ámbito.

4.1. Modulación, reducción y postergación de categorías procesales en la búsqueda de la efectividad del Derecho europeo de consumo

4.1.1. El principio dispositivo y su aparente arrinconamiento

Si en los últimos tiempos ha existido un ámbito material europeo al que se haya prestado especial atención en España, este ha sido el Derecho de consumo. Al cobijo de la Directiva 93/13/CEE, sobre cláusulas abusivas en contratos celebrados con consumidores, el TJUE ha ido cincelando, a veces con escasa precisión quirúrgica, el proceso civil español, tanto declarativo como de ejecución.

En lo que se refiere a ambos tipos de procesos, destaca el incremento de poderes del juez en la apreciación de oficio de cláusulas abusivas. El TJUE, en su jurisprudencia, ha declarado que la presencia de cláusulas abusivas en los contratos celebrados con consumidores es una cuestión de orden público que justifica la atribución de facultades al juez para su apreciación de oficio, tan pronto como disponga de los elementos de hecho y de Derecho necesarios para ello[21].

---

21 Entre otras muchas, *vid.* Sentencias de 4 de junio de 2009, Asunto C-243/08 (Pannon), apartados 31 y ss.; de 14 de marzo de 2013, Asunto C-415/11 (Aziz), apartados 46 y ss.; de 30 de abril de 2014, Asunto C-280/13 (Barclays Bank), apartados 34 y ss.; de 17 de julio de 2014, Asunto C-169/14 (Sánchez Morcillo), apartados 24 y ss.

En estas amplias facultades, parte de la doctrina ha visto una ruptura total con el principio dispositivo, especialmente en los casos en que el proceso se celebra en rebeldía ante la incomparecencia del demandado que ha sido emplazado en forma[22]. La doctrina procesal clásica, empero, consideró siempre admisible que el juez pudiera apreciar de oficio los denominados hechos impeditivos y extintivos, esto es, las excepciones impropias[23], por lo que tales facultades de apreciación no resultan ni contrarias ni incompatibles con nuestros tradicionales principios dispositivo y de aportación de aparte. Sentado lo anterior, lo que no puede ocultarse es que, a nivel práctico, las facultades de apreciación de oficio del juez en materia de cláusulas abusivas confrontan con la tradicional mentalidad de un juez civil pasivo que resuelve conforme a la argumentación jurídica que le suministran las partes.

4.1.2. El ejercicio de los poderes *ex officio* del juez para apreciar cláusulas abusivas y su discutible articulación procedimental

A pesar de lo expuesto, el proceso nacional ha sufrido destacados cambios —articulados con una técnica mani-

---

22 A modo de botón de muestra, *vid.* la postura de PÉREZ-CRUZ MARTÍN, Agustín, «La cosa juzgada ha muerto (y los principios procesales vilipendiados)», *Actualidad Civil,* núm. 7-8, 2022. Fecha de consulta: 30 de enero de 2024. También JIMENO BULNES, Mar, «El diálogo entre tribunales europeo y nacional: su incidencia en derecho procesal español» en JIMÉNEZ CONDE, Fernando (Dir.), Tirant Lo Blanch, Valencia 2018, pp. 101-135, especialmente, pp. 124 y ss., da cuenta de algunos autores que han recalcado una quiebra del principio dispositivo.

23 Por todos, GÓMEZ ORBANEJA, Emilio, *Derecho Procesal Civil*, vol. 1.°, 8.ª ed., Artes Gráficas y Ediciones, S.A., Madrid, 1979, p. 272. En tiempos actuales, ORTELLS RAMOS, Manuel, *Derecho Procesal Civil*, 19.ª ed., Thomson Reuters-Aranzadi, Navarra, 2020, p. 257. Hoy día, respecto del concreto tema aludido en texto, NIEVA FENOLL, Jordi, «La actuación de oficio del juez nacional europeo», en JIMÉNEZ CONDE, Fernando (Dir.), *Adaptación del Derecho..., cit.,* pp. 189-208, ha recordado la necesidad de tener en cuenta las enseñanzas tradicionales sobre las denominadas excepciones impropias.

fiestamente mejorable— en orden a facilitar que el juez pueda apreciar cláusulas abusivas:

A) En el proceso monitorio nacional

En el monitorio patrio se ha introducido un trámite anterior al requerimiento de pago en el que es el letrado de la Administración de Justicia —por cierto, personal no jurisdicente— el que tiene que examinar la concurrencia de aquellas cláusulas en el título. En el caso de que se detecte una cláusula abusiva, se abre un incidente previo a la emisión del requerimiento de pago (art. 815.4 LEC) que finaliza, en su caso, con la declaración de abusividad. En definitiva, al menos parcialmente, se ha privado al proceso monitorio de uno de sus mayores atributos: la rapidez en la emisión del requerimiento de pago[24].

B) En la ejecución

En nuestro ordenamiento, el despacho de la ejecución ha estado presidido, tradicionalmente, por dos reglas básicas: a) en el enjuiciamiento sobre la regularidad del título ejecutivo no se analizan cuestiones de fondo; b) el proceso de ejecución se inicia sin prestar audiencia al deudor

---

24   A tal desnaturalización aluden, también ORMAZÁBAL SÁNCHEZ, Guillermo y MÉNDEZ TOMÁS, Rosa, «Los poderes del juez civil en materia de consumo a la luz de la jurisprudencia del TJUE», *La Ley probática,* núm. 5, 2021. Fecha de consulta: 30 de enero de 2024.
Adviértase la nueva redacción del art. 815.3 LEC, operada por el Real Decreto-ley 6/2023, de 19 de diciembre, y en vigor a partir del 20 de marzo de 2024. A la vista de la técnica legislativa empleada para acometer esta reforma, es difícil conocer las razones últimas a las que obedece. No obstante, cabe destacar la parcial simetría de la solución recientemente incorporada con lo que ya se disponía en la Disposición Final 23.ª en sede de proceso monitorio europeo. Destacamos el adjetivo parcial pues apreciada la abusividad de la cláusula por el juez, se prevé que este «*podrá plantear mediante auto una propuesta de requerimiento de pago por el importe que resultara de excluir de la cantidad reclamada la cuantía derivada de la aplicación de la cláusula*». En cambio, a diferencia de lo que sucede en el monitorio europeo, el silencio del actor en relación a la propuesta sometida a su consideración determina la emisión del requerimiento de pago en los términos fijados por el juez. Bien hubiera hecho el legislador español en recoger la solución adoptada para el monitorio europeo, pues esta solución legal entrañará no pocos problemas procesales.

(en la lógica de evitar maniobras de distracción patrimonial por parte del ejecutado contra el que se acciona).

Pues bien, el TJUE declaró contrario al Derecho de la Unión que el juez nacional no pudiera examinar de oficio la presencia de cláusulas abusivas en el título ejecutivo[25]. El criterio del Tribunal de Luxemburgo propició la modificación del art. 552 de la LEC con el fin de introducir un trámite previo al despacho de la ejecución que rompió las reglas citadas[26]. Lo más curioso es que ni la sentencia Banco Popular ni otras coetáneas obligaban a ubicar el control de oficio de las cláusulas abusivas antes del comienzo de la ejecución.

El engarce sistemático de este trámite lo decidió el legislador español a través de una lectura apresurada y errónea de la sentencia, evidenciando los estragos que puede causar un mal entendimiento de los pronunciamientos de Luxemburgo. Para respetar nuestra decimonónica regla de que la ejecución comienza *inaudita parte debitoris* hubiera bastado con establecer el control de oficio del juez sobre el clausulado abusivo del título ejecutivo en un momento ulterior al despacho de la ejecución[27].

Junto a lo expuesto y de otro lado, la jurisprudencia del TJUE también obligó a modificar el trámite de oposición a la ejecución. Como es sabido, en España el legislador

---

25 Para un tratamiento *in extenso* del impacto de la jurisprudencia del TJUE en el proceso de ejecución, *vid.* QUESADA LÓPEZ, Pedro Manuel, *Desencuentros entre el Derecho europeo y la ejecución hipotecaria española: ¿una relación imposible?*, Thomson-Aranzadi, Navarra, 2021, *passim*.

26 *Cfr.* la Sentencia de 14 de marzo de 2013, asunto C-415/11 (Aziz) y, especialmente, el auto de 14 de noviembre de 2013, asuntos acumulados C-537/12 y C-116/13 (Banco Popular Español y Banco de Valencia) que confirmó la falta de adecuación a la Directiva 93/13 —ya atisbada en Aziz— de nuestros trámites de despacho y oposición a la ejecución.

27 Con todo, parte de la doctrina sostuvo que el control anterior al despacho era el más respetuoso con la jurisprudencia del TJUE, *vid.* HERRERO PEREZAGUA, Juan Francisco, «Principios de la ejecución hipotecaria y la protección del consumidor» en ESPEJO LERDO DE TEJADA, Manuel y MURGA FERNÁNDEZ, Juan Pablo (Dirs.), *Vivienda, préstamo y ejecución*, Thomson-Aranzadi, Navarra, 2015, pp. 303-344.

de 2000 configuró un incidente sumario en el que únicamente pudieran plantearse hechos tasados de carácter extintivo o excluyente surgidos con posterioridad a la confección del título ejecutivo. La nulidad de las cláusulas del título debía alegarse, pues, en un proceso declarativo paralelo a la ejecución.

Nuevamente, una lectura errada de las consecuencias de la sentencia *Aziz*, dictada el 14 de marzo de 2013, condujo a la adición de un nuevo número en el art. 557.1 (y en el 695.1) LEC, de tal suerte que pudiera alegarse dentro del incidente de oposición el hecho impeditivo consistente en que el título contenía cláusulas abusivas[28]. El principal problema de esta modificación es la quiebra de la idea de sistema y unidad en la oposición a la ejecución. Actualmente, nótese que un consumidor puede alegar que el título ejecutivo contiene una cláusula abusiva dentro del incidente de oposición a la ejecución, pero esta misma cuestión es vetada al empresario que, si quiere hacer valer la nulidad de una condición general de la contratación, deberá instar un proceso declarativo paralelo. ¿Está justificado este dispar tratamiento procesal?

4.1.3. La desfiguración de categorías básicas relacionadas con el objeto del proceso en aras a la efectividad del Derecho de la UE

Los amplios poderes que el ordenamiento europeo proporciona al juez para tutelar los derechos de los consumidores también han repercutido en categorías básicas relacionadas con el objeto del proceso:

A) En relación a la congruencia

Cuando se trata de consumidores, se han relajado las normas en materia de congruencia: se ha llegado a reco-

---

28   Asunto C-415/11.

nocer —caso Duarte Hueros[29]— la posibilidad de que el juez acuerde una disminución del precio cuando el demandante consumidor había pedido la resolución del contrato sin ejercitar, subsidiariamente, la *actio quanti minoris*. Destacable es que, en este caso, el juez nacional erró al plantear la cuestión prejudicial, pues no entendió bien el alcance del art. 400 LEC, que, en ningún modo, impedía ejercitar en un segundo proceso la acción de reducción del precio[30].

B) En relación a la preclusión, la *reformatio in peius* y la cosa juzgada

En primer lugar, de igual modo, la santidad de la cosa juzgada y la preclusión, han sido puestas en tela de juicio por recientes sentencias del TJUE[31]. Para ilustrar la cues-

---

29   Sentencia del TJUE de 3 de octubre de 2013, Asunto C-32/12, apartados 39 y ss.

30   Esto nos conduce al problema nada desdeñable del desconocimiento o mal entendimiento de la norma nacional por parte del juez que eleva la cuestión prejudicial. Dada la trascendencia que tienen las decisiones del TJUE, es necesario articular mecanismos que permitan proporcionar al Tribunal una sólida base sobre el corpus jurídico acerca del cuál ha de pronunciarse. Así ocurrió también en Sales Sinúes (Asunto C-381/14, acumulado a C-385/14), sentencia dictada el 14 de abril de 2016 que, al pronunciarse sobre las relaciones entre acciones individuales y colectivas en el ordenamiento jurídico español, declaró la inadecuación del sistema procesal nacional al art. 7 de la Directiva 93/13 sobre la base de una interpretación absolutamente errónea del art. 43 LEC, que justo es decir causó estupor entre los juristas expertos en Derecho procesal.

31   Recuérdese que, previamente, en Banco Primus (sentencia de 26 de enero de 2017, Asunto C-421/14) ya se había excepcionado la cosa juzgada formal, al considerar que, en el marco de una ejecución hipotecaria, el examen de algunas cláusulas del contrato no impedía el posterior control judicial, de oficio o a instancia de parte, del resto de clausulado no fiscalizado.
      Para un análisis de conjunto de las sentencias que se citan de 17 de mayo de 2022, remitimos a las preclaras observaciones de VALLINES GARCÍA, Enrique, «No procedural limits for consumers challenging unfair contract terms? (C-869/19, C600/19 and C-693/19 & C-831/19)», *EU Law Live*, 26 de mayo de 2022, disponible en: https://eulawlive.com/op-ed-no-procedural-limits-for-consumers-challenging-unfair-contract-terms-c-869-19-c-600-19-and-c-693-19-c-831-19-by-enrique-vallines/ (Fecha de consulta: 31 de enero de 2024). Asimismo, de indudable interés, la lectura ofrecida por AGUILERA MORALES, Marien, «La pretendida deconstrucción pretoriana del proceso civil. Una vi-

tión puede acudirse al asunto decidido en las sentencias de 17 de mayo de 2022 (asuntos Ibercaja[32] y SPV[33]), donde se ha declarado que no pueden aplicarse a los consumidores sistemas rígidos de preclusión ni la institución de la cosa juzgada virtual. Lo llamativo de estas sentencias es que en ambas se producen oposiciones extemporáneas de los consumidores. En la primera, porque se produce una sucesión procesal mucho tiempo después de que hubiera precluido el trámite de oposición; en la segunda porque se reacciona en ejecución ante un requerimiento de pago que había devenido ejecutivo por la falta de respuesta del deudor.

Sacrificar categorías como la preclusión y la cosa juzgada sobre el objeto virtual del proceso en aras de la efectividad del Derecho procesal europeo puede resultar sumamente problemático. La cosa juzgada y la preclusión proporcionan seguridad jurídica. Quizás haya que pensar que tales reglas, presentes durante largo tiempo, persiguen evitar un goteo incesante de demandas, a la vez que se logra una resolución ágil y ordenada de las controversias que minimice el impacto en costes del Estado.

En segundo término, en el asunto UNICAJA, el TJUE dictó sentencia pasando por encima de la prohibición de *reformatio in peius* y de la cosa juzgada[34]. En este caso, un consumidor obtuvo una sentencia en primera instancia en la que se declaró la nulidad de la cláusula suelo con restitución de cantidades desde mayo de 2013. El consumidor se aquietó al pronunciamiento y no recurrió en apelación. En cambio, la entidad bancaria recurrió el pronun-

---

sión crítica a propósito de las Sentencias del TJUE de 17 de mayo de 2022», en AGUILERA MORALES, Marien (Dir.), *Derecho de la Unión Europea y justicia civil eficiente*, Tirant lo Blanch, 2023, pp. 108 y ss.

32   Asunto C-660/19, apartados 48 a 52.

33   Asunto C-693/19 (acumulado con C-831/19), apartados 64 a 68.

34   Sentencia de 17 de mayo de 2022, Asunto C-869/19, apartado 40.

ciamiento únicamente en relación con la imposición de la condena en costas. La sentencia de segunda instancia fue recurrida en casación por el consumidor pidiendo que la restitución se produjese desde el momento en el que se concertó el préstamo hipotecario.

El TJUE construye su argumentación siendo consciente de que el consumidor no interpuso recurso porque todavía no se había dictado la sentencia del caso Gutiérrez Naranjo[35], y declara contrario al art. 6 Directiva 93/13 la aplicación de principios procesales nacionales que impidan al juez acordar la restitución íntegra de cantidades con apoyo en la falta de impugnación, cuando esta no puede imputarse a una pasividad total de aquel. Lo cierto, sin embargo, es que evita enfrentarse a la cuestión de cómo el principio de efectividad cercena la prohibición de *reformatio in peius*, que integra el derecho a la tutela judicial efectiva y el derecho a un proceso con todas las garantías *ex* art. 47 de la Carta de Derechos Fundamentales de la Unión Europea, al menos si se interpreta conforme al canon hermenéutico del art. 6 CEDH y del art. 24 CE. Resulta cuanto menos llamativo que la justicia en el supuesto concreto pueda alcanzarse percutiendo garantías que no son privativas del ordenamiento nacional, sino también del acervo de derechos fundamentales que la propia UE garantiza.

En estos casos, el TJUE atiende más a la justicia material del caso que a un verdadero corpus sistematizado. Y no es de extrañar. Inicialmente, el número de cuestiones prejudiciales en esta materia era relativamente bajo, lo que permitía mantener cierta claridad y orden en los pronunciamientos. En la actualidad, el planteamiento de tales cuestiones se ha disparado y la casuística es infinita, hasta tal punto que las declaraciones generales del TJUE comienzan a tener demasiadas excepciones; salvedades

---

35 Sentencia de 21 de diciembre de 2016, Asunto C-154/15 (acumulado con C-307/15 y C-308/15), apartado 73 a 75, que declaró contrario al Derecho de la UE una jurisprudencia nacional que —como en la sentencia del TS de 9 de mayo de 2013— limita en el tiempo los efectos restitutorios vinculados a la declaración de abusividad.

que pretendiendo resolver el caso concreto, a veces, no ponderan la importancia de lo que se está resolviendo, como sucedió en este caso con la prohibición de *reformatio in peius*[36].

C) En materia de costas

Por último, en sentencia de 16 de julio de 2020, el TJUE declaró contraria a la Directiva 93/13 y al principio de efectividad un régimen de costas que permite imponer al consumidor parte de estas cuando, aun declarándose la abusividad de la cláusula, se limita el importe de las cantidades indebidamente pagadas a restituir[37]. El TJUE consideró que el régimen de costas español (art. 394 LEC) puede constituir un obstáculo significativo que disuada a los consumidores a instar la tutela judicial pretendida y, en concreto, de ejercer el derecho a un control judicial efectivo del carácter potencialmente abusivo de cláusulas contractuales[38]. Esta doctrina ha sido refrendada por el TS español[39] si bien, y el matiz es importante, la aludida

---

36   Vallines García, Enrique, «No procedural limits for consumers challenging unfair...», *cit.* ha indicado algunas consecuencias de la aproximación del tribunal en la trilogía *SPV, Ibercaja y Unicaja*, tales como la resistencia de los Estados miembros a aceptar una del jurisprudencia del TJUE que puede chocar con sus marcos constitucionales, la inseguridad sobre los costes de litigación, la creación de una mayor complejidad procesal al hacer introducir reglas diversas para los procesos en los que están implicados consumidores, la introducción de dificultades a la circulación de resoluciones o la extensión del efecto desactivador de normas procesales básicas de la litigación civil a ámbitos distintos del consumo o, incluso, no regulados por el Derecho de la UE, en los que exista un desigual poder entre las partes.

37   Asunto C-224/19 (Caixabank), acumulado a C-259/19, apartados 93 a 99.

38   Esta misma *ratio decidendi* se arguye por el TJUE en la sentencia de 17 de mayo de 2022, *Impuls Leasing Romînia*, Asunto C-725/19. En este pronunciamiento, se declaró incompatible con la Directiva 93/13 un régimen procesal nacional que supedita el control de abusividad de las cláusulas contractuales en ejecución a la previa interposición de un declarativo —dedicado a tal fin— por el consumidor, teniendo presente que aquella ejecución, para ser suspendida, exige la prestación de fianza en atención a la cuantía del pleito.

39   *Vid.* las SSTS, Sala 1.ª, núm. 472/2020, de 17 de septiembre (Roj: STS 2838/2020), y núm. 847/2021, de 9 de diciembre (Roj: STS 4553/2021). Y, en sentido negativo, la STS, Sala 1.ª, núm. 40/2021, de 2 de febrero

excepción solo resulta desactivada cuando se acciona sobre normas de Derecho europeo y no cuando se invocan disposiciones nacionales.

En nuestra opinión, esta aplicación desmedida del principio de efectividad por parte del TJUE, sacrificando o desactivando categorías procesales básicas y postergando el principio de autonomía procesal, relega el proceso como sucesión jurídicamente reglada de actuaciones tendentes a impartir justicia. En efecto, el proceso civil se torna entonces maleable, dúctil e inseguro. Y es que si bien en el ámbito del derecho material es plausible el diseño de contrapesos que traten de reequilibrar las posiciones de desigualdad en la contratación, resulta muy discutible que el principio de efectividad deba garantizar idéntico efecto en el seno del proceso, especialmente cuando las partes litigan asistidas por profesionales del Derecho. A nuestro juicio, las asimetrías en los derechos fundamentales de carácter procesal deben constituir un límite infranqueable al principio de efectividad; esta es una línea roja que no debería traspasarse y sobre la que deberá seguir reflexionándose en los años venideros, especialmente ante un panorama de atomización de la jurisprudencia del TJUE. En definitiva, una tendencia de estudio en alza.

4.2. ¿Y si es la norma procesal europea la que impide la correcta aplicación del Derecho de la UE?

Sobre esta cuestión cabe destacar que las normas procesales europeas han sido también víctimas del afilado principio de efectividad. Sin ir más lejos, el proceso monitorio europeo, regulado por el Reglamento 1896/2006, llegó a estar bajo sospecha en la resolución del caso

---

(Roj: STS 266/2021), que indica que la regla de la no imposición de costas por existencia de serias dudas de hecho o de derecho queda desactivada únicamente en los procesos en los que se aplica el Derecho de la UE, pero no así cuando se obtiene la nulidad de las cláusulas al amparo de la legislación nacional (en este caso, la Ley Azcárate).

Bondora[40]. Este proceso, a diferencia de lo que sucede con el proceso monitorio nacional, es un monitorio puro o de corte germánico. Ello implica que para que se emita el requerimiento de pago no es preciso aportar ninguna documentación. En el asunto referido, se planteó si obstaba a la plena efectividad del Derecho de la UE que el juez, en el ámbito de un proceso monitorio europeo, no pudiera examinar el carácter abusivo de las cláusulas insertas en los contratos con consumidores. El TJUE declaró el monitorio europeo conforme al Derecho de la Unión, siempre y cuando se concediese al juez la posibilidad de requerir la documentación al acreedor para poder realizar el control de abusividad[41]. Así pues, en el caso de consumidores y conocido el deber de control de oficio de las cláusulas abusivas, el TJUE transformó *de facto* un instrumento creado por el legislador europeo para la tutela rápida del crédito, el monitorio puro, en un monitorio documental. Se habrá de convenir, entonces, que la técnica del monitorio de corte germánico y la petición de documentación al acreedor son ontológicamente incompatibles[42].

En este caso, el tribunal de Kirchberg se encontró con algo inesperado: que una norma procesal creada por el legislador europeo pudiera resultar contraria al Derecho de la UE. Y es que puede que llegue el momento en que, ante una producción normativa de la UE cada vez más abrumadora, tanto en el ámbito sustantivo como procesal, el propio Derecho procesal de la Unión se convierta en un obstáculo para la realización de su Derecho sustantivo. Lo cual no deja de ser una paradoja, pues el princi-

---

40 Sentencia del TJUE de 19 de diciembre de 2019, Asuntos acumulados C-453/18 y C-494/18. Un examen doctrinal de esta resolución puede consultarse en GÓMEZ AMIGO, Luis, «La doctrina del TJUE en el caso Bondora: ¿hacia el declive del proceso monitorio europeo?», *Práctica de Tribunales,* núm. 144, mayo-junio 2020. Fecha de consulta 31 de enero de 2024.

41 *Vid*. apartados 50 a 54.

42 El RD 6/2023, de 19 de diciembre, ha modificado el apartado 2 de la Disposición Final 23.ª incorporando la posibilidad de que el juez requiera la documentación contractual al acreedor para controlar de oficio la eventual presencia de cláusulas abusivas.

pio de efectividad se predica tanto de uno como respecto de otro. Sin perjuicio de que el Derecho procesal tiene un carácter instrumental y que este tipo de controversias debieran resolverse en favor de la aplicación de la norma sustantiva, lo que parece claro es que el canon para enjuiciar la conformidad del Derecho nacional con el Derecho de la Unión puede no servir para enjuiciar la conformidad de la norma procesal de la Unión con su propio Derecho sustantivo, pues resulta sumamente discutible que puedan resolverse este tipo de fricciones acudiendo al principio de efectividad y al esquema de razonamiento vertical que se utiliza para desplazar las normas procesales nacionales.

5. Bibliografía

AGUILERA MORALES, Marien, «La pretendida deconstrucción pretoriana del proceso civil. Una visión crítica a propósito de las Sentencias del TJUE de 17 de mayo de 2022», en AGUILERA MORALES, Marien (Dir.), *Derecho de la Unión Europea y justicia civil eficiente*, Tirant lo Blanch, 2023, pp. 95-150.

ARMENTA DEU, Teresa, «El recurso de casación y el valor de la jurisprudencia: el modelo del precedente y los Acuerdos no jurisdiccionales», *Estudios sobre la casación. Homenaje a Fernando Jiménez Conde*, Thomson Reuters-Aranzadi, 2021, pp. 25-49.

ASSY, Rabeea, *Injustice in person. The right to self representation*, Oxford University Press, Oxford, 2015.

BIAVATI, Paolo, «Las categorías del proceso civil a la luz del Derecho europeo», en JIMÉNEZ CONDE, Fernando (Dir.) *Adaptación del Derecho procesal español a la normativa europea y a su interpretación por los tribunales*, Tirant Lo Blanch, Valencia, 2018, pp. 25-42.

CASTILLO FELIPE, Rafael, «Medidas para una justicia más ¿eficiente?: limitación de escritos procesales y sentencias orales», en LERDO DE TEJADA, M. et. al. (Dirs.), *Derecho y pandemia desde una perspectiva global,* Thomson-Aranzadi, Navarra, 2021, pp. 135-150.

GASCÓN INCHAUSTI, Fernando, *Derecho europeo y legislación procesal civil nacional: entre autonomía y armonización,* Marcial Pons, Madrid, 2018.

GASCÓN INCHAUSTI, Fernando, «El diablo está en los detalles: la importancia de las normas procedimentales para el legislador europeo», en HERRERO PEREZAGUA, Juan Francisco y LÓPEZ SÁNCHEZ, Javier (Dirs.), *Aciertos, excesos y carencias en la tramitación del proceso,* Atelier, Barcelona, 2020, pp. 285-317.

GASCÓN INCHAUSTI, Fernando, «*Las European Rules of Civil Procedure:* ¿Un punto de partida para la armonización del proceso civil?», *Cuadernos de Derecho Transnacional,* vol. 13, n.° 1, 2021, pp. 277 a 297.

GARCÍA-ROSTÁN CALVÍN, Gemma, «Los formularios y el principio de legalidad», en HERRERO PEREZAGUA, Juan Francisco y LÓPEZ SÁNCHEZ, Javier (Dirs.), *Aciertos, excesos y carencias en la tramitación del proceso,* Atelier, Barcelona, 2020, pp. 87-102.

GÓMEZ AMIGO, Luis, «La doctrina del TJUE en el caso Bondora: ¿hacia el declive del proceso monitorio europeo?», *Práctica de Tribunales,* núm. 144, mayo-junio 2020. Fecha de consulta 31 de enero de 2024.

GÓMEZ ORBANEJA, Emilio, *Derecho Procesal Civil,* vol. 1.°, 8.ª ed., Artes Gráficas y Ediciones, S.A., Madrid, 1979.

GRADI, Marco, «El coste de la burocratización de la Administración de Justicia», en HERRERO PEREZAGUA, Juan Francisco y LÓPEZ SÁNCHEZ, Javier (Dirs.), *La justicia tenía un precio,* Atelier, Barcelona, 2023, pp. 17-38.

HERRERO PEREZAGUA, Juan Francisco, «Principios de la ejecución hipotecaria y la protección del consumidor», en ESPEJO LERDO DE TEJADA, Manuel y MURGA FERNÁNDEZ, Juan Pablo (Dirs.), *Vivienda, préstamo y ejecución,* Thomson-Aranzadi, Navarra, 2015, pp. 303-344.

JIMENO BULNES, MAR, «El diálogo entre tribunales europeo y nacional: su incidencia en derecho procesal español», en JIMÉNEZ CONDE, Fernando (Dir.), Tirant Lo Blanch, Valencia 2018, pp. 101-135.

KIRCHMANN, Julius von, *La falta de valor de la jurisprudencia como ciencia,* NAVARRO DE LAS HERAS, Manual Alberto y MARTÍNEZ NEIRA, Manuel (trads.), Dykinson, Madrid, 2021.

LAW, Stephanie y NOWAK, Janek, «Procedural harmonisation by the European Court of Justice», en GASCÓN INCHAUSTI, Fernando y HESS, Burkhard (eds.), *The future of the European Law of Civil Procedure,* Interesentia, Cambridge, 2020, pp.17-68.

LÓPEZ SÁNCHEZ, Javier, «La desvinculación en las acciones de representación *(opt- out)* y el derecho a la tutela judicial efectiva», *Diario La Ley,* n.º 10282, 2023.

NIEVA FENOLL, Jordi, «La actuación de oficio del juez nacional europeo», en JIMENEZ CONDE, Fernando (Dir.), *Adaptación del Derecho procesal español a la normativa europea y a su interpretación por los tribunales,* Tirant Lo Blanch, Valencia, 2018, pp. 189-208.

ORMAZÁBAL SÁNCHEZ, Guillermo y MÉNDEZ TOMÁS, Rosa, «Los poderes del juez civil en materia de consumo a la luz de la jurisprudencia del TJUE», *La Ley probática,* núm. 5, 2021. Fecha de consulta: 30 de enero de 2024.

ORTELLS RAMOS, Manuel, «Tratamiento de litigios masivos. A propósito de la litigiosidad de la OPS de Bankia», *Revista General de Derecho Procesal,* núm. 38, 2016. Fecha de consulta: 30 de enero de 2024.

ORTELLS RAMOS, Manuel, «Litigiosidad masiva y proceso civil», en GARCÍA-ROSTÁN CALVÍN, Gemma y SIGÜENZA LÓPEZ, Julio (dirs.), *El proceso civil ante el reto de un nuevo panorama socioeconómico,* Thomson-Aranzadi, Navarra, 2016, pp. 223-256.

ORTELLS RAMOS, Manuel, «Tutela colectiva y petición de tutelas individuales conexas en el proceso civil español. Las normas y su aplicación», en ORTELLS RAMOS, Manuel y CUCARELLA GALIANA, Luis (coords.), *Litigiosidad masiva y eficiencia en la justicia civil,* Thomson-Aranzadi, Navarra, 2019, pp. 25-120.

ORTELLS RAMOS, Manuel, *Derecho Procesal Civil,* 19.ª ed., Thomson Reuters-Aranzadi, Navarra, 2020.

PÉREZ-CRUZ MARTÍN, Agustín., «La cosa juzgada ha muerto (y los principios procesales vilipendiados)», *Actualidad Civil,* núm. 7-8, 2022. Fecha de consulta: 30 de enero de 2024.

QUESADA LÓPEZ, Pedro Manuel, *Desencuentros entre el Derecho europeo y la ejecución hipotecaria española: ¿una relación imposible?,* Thomson-Aranzadi, Navarra, 2021.

SIGÜENZA LÓPEZ, Julio, «Excesiva extensión de los escritos procesales como posible causa de inadmisión de los recursos extraordinarios en el orden civil de la jurisdicción», *Revista Aranzadi Doctrinal,* n.º 4, 2021. Fecha de consulta: 28 de enero de 2024.

VALLINES GARCÍA, Enrique, «No procedural limits for consumers challenging unfair contract terms? (C-869/19, C600/19 and C-693/19 & C-831/19)», *EU Law Live,* 26 de mayo de 2022, disponible en: https://eulawlive.com/op-ed-no-procedural-limits-for-consumers-challenging-unfair-contract-terms-c-869-19-c-600-19-and-c-693-19-c-831-19-by-enrique-vallines/ (Fecha de consulta: 31 de enero de 2024).

LAS ÚLTIMAS TENDENCIAS EUROPEAS EN MATERIA DE EMBARGO Y DECOMISO EN LA COOPERACIÓN PENAL

Tamara Funes Beltrán
Profesora Ayudante Doctora de Derecho Procesal
Universidad de Alicante

1. Introducción

En el contexto social actual, donde la innovación tecnológica sumada a otras circunstancias como las derivadas del mundo globalizado, la delincuencia, especialmente, las organizaciones criminales han sabido sacar buen partido de ello para obtener, no solamente, la impunidad de sus actos, sino lograr la ocultación del patrimonio ilícito derivado de su actividad delictiva. A su vez, estos elementos han propiciado que la delincuencia posea cierto componente transnacional, forzando a los Estados a fortalecer sus lazos con otros países de su entorno, con el fin de establecer una cooperación institucional realmente eficaz que prevengan y haga frente a las formas más graves de esta clase de delincuencia tan nociva para los Estados democráticos.

Esta preocupación se ha visto reflejada en la nueva política criminal, que ha colocado al decomiso, junto con el embargo, en una herramienta primordial en materia de cooperación penal. Por ello, es en el plano internacional y europeo, donde el decomiso ha recibido una mayor atención legislativa. Con lo cual, su desarrollo normativo en estos ámbitos ha influido directamente en el legislador español. El ejemplo más significativo de esta influencia lo constituye la Directiva 2014/42/UE del Parlamento Europeo y del Consejo, de 3 de abril de 2014, sobre el embargo y el decomiso de los instrumentos y del producto del delito en la Unión Europea. Este instrumento fue transpuesto al ordenamiento español mediante dos normas: la LO 1/2015, de 30 de marzo y la Ley 41/2015, de 5 de octubre, que modificaron su regulación sustantiva y procesal. De más reciente aplicación encontramos el Reglamento (UE) 2018/1805, sobre el reconocimiento mutuo de resoluciones de embargo y decomiso[1]. Este conjunto de normas ha configurado el régimen actual del decomiso en nuestro sistema jurídico. Ahora bien, los resultados no han sido los esperados, motivo por el cual, las instituciones europeas presentaron el pasado 25 de mayo de 2022, una nueva propuesta de Directiva que transforma el régimen jurídico de estas figuras con la intención de corregir las graves deficiencias de las que adolecen.

2. El Reglamento (UE) 2018/1805, sobre reconocimiento mutuo de resoluciones de embargo y decomiso

Este Reglamento constituye una de las últimas normas europeas que, por su carácter reglamentario, resulta ser de aplicación directa por los Estados. Con este instrumento se ha pretendido unificar la normativa anterior (hasta ahora, regulado por dos Decisiones Marco[2]), sobre

---

1   DOUE núm. L 303/1, de 28 de noviembre de 2020.

2   Decisión Marco 2003/577/JAI, de 22 de julio de 2003, relativa a la ejecución en la Unión Europea de las resoluciones de embargo preventivo de bienes y aseguramiento de pruebas; y la Decisión Marco 2006/783/JAI, de 6 de octubre de 2006, relativa a la aplicación del principio de reconocimiento mutuo de resoluciones de decomiso. Es-

la aplicación del principio de reconocimiento mutuo de resoluciones de embargo y decomiso entre los Estados miembros para homogeneizar sus criterios de aplicación[3]. Y, por otro lado, introducir mejoras dirigidas a agilizar la ejecución de los embargos y decomisos trasfronterizos con el objetivo de lograr una recuperación de activos mucho más efectiva.

En el ordenamiento español, la entrada en vigor de este Reglamento no ha supuesto ninguna reforma o adecuación de nuestra LRM, la cual se mantiene vigente y se aplicará a los supuestos donde no se aplica el Reglamento e, igualmente, de forma subsidiaria en todo lo no regulado por él, siempre que no lo contradiga. En efecto, de acuerdo con la consulta pública efectuada sobre esta cuestión[4], se señaló que la normativa española ya aglutinaba la normativa europea anterior, y dado que en este último Reglamento se han mantenido las mismas líneas sin llevar a cabo una reforma profunda del sistema ante-

---

tas decisiones fueron traspuestas al ordenamiento español, y actualmente, sus normas se encuentran recogidas en la Ley de Reconocimiento Mutuo, de 2014 (en adelante, LRM).

3   Para CONDE FUENTES, el Reglamento responde a las deficiencias que presentaban los instrumentos anteriores, cuya aplicación no resultaba eficaz por no haberse transpuesto y aplicado de manera uniforme en todos los Estados. Circunstancia, que habría provocado que fueran las propias diferencias entre las legislaciones internas, las que hubieran obstaculizado la aplicación del decomiso. CONDE FUENTES, Jesús, «El Reglamento (UE) 2018/1805 y la ejecución de resoluciones de embargo y decomiso», *La Ley penal*, núm. 151, julio-agosto 2021, 2021, p. 2. En cambio, PÉREZ MARÍN, se muestra reacia, puesto que, para su interpretación, se debe acudir a la regulación interna, de manera que no se consigue resolver el problema por completo. PÉREZ MARÍN, María Ángeles, «Sobre el procedimiento para el reconocimiento y la ejecución de las resoluciones de embargo: el Reglamento (UE) 2018/1805», *Revista Internacional Consinter de Direito,* Año V, núm. IX, 2.º semestre, 2019, p. 773.

4   Consulta sobre la «Adaptación al reglamento (UE) 2018/1805 del Reglamento (UE) 2018/1805 del Parlamento y del Consejo de 14 de noviembre de 2018 sobre el reconocimiento mutuo de las resoluciones de embargo y decomiso».
Documento disponible en: https://www.mjusticia.gob.es/es/AreaTematica/ActividadLegislativa/Documents/1292430895810-ConsultapublicaEMBARGODECOMISO.PDF (Fecha de consulta: 1 de febrero 2023).

rior, no era necesario, aunque quizás fuera conveniente clarificar algunos aspectos para facilitar su aplicación.

En cuanto a la estructura que sigue el Reglamento, el legislador ha optado por dividir su contenido en cinco capítulos: capítulo I (artículos 1 al 3) recoge el objeto, definiciones y delitos, y es aplicable tanto a las resoluciones de embargo como a las de decomiso; el capítulo II (artículos 4 al 13) dedicado a la transmisión, reconocimiento y ejecución de las resoluciones de embargo; el capítulo III (artículos 14 al 22) viene a recoger lo relativo a las resoluciones de decomiso y, finalmente, los capítulos IV y V (artículos 23 al 33) recogen respectivamente las disposiciones generales y las disposiciones finales.

Si ponemos el foco en la justificación general que se hace a lo largo de los considerandos de este Reglamento, entre los objetivos más destacables que se fijan se encuentra: *«el de garantizar la efectividad del reconocimiento mutuo de las resoluciones de embargo y las resoluciones de decomiso, las normas sobre reconocimiento y ejecución de dichas resoluciones deben establecerse mediante un acto de la Unión vinculante y directamente aplicable»*. Para ello, se constituye como el «objeto» del Reglamento la fijación de las normas en virtud de las cuales un Estado miembro reconoce y ejecuta en su territorio una resolución de embargo o decomiso dictadas por otro Estado miembro en el marco de un procedimiento en materia penal, excluyendo aquellas que hayan recaído en un procedimiento de naturaleza civil o administrativa. Mientras que, por resolución de decomiso, se mantiene la definición de la Decisión Marco 2006, como *«sanción o medida firme impuesta por un órgano jurisdiccional a raíz de un procedimiento relativo a un delito, que tenga como resultado la privación definitiva de bienes de una persona física o jurídica»*; la resolución de embargo tiene como objetivo asegurar los bienes durante el proceso, para garantizar su posterior decomiso. En este sentido, se debe matizar que este concepto de *«embargo»* utilizado por el legislador europeo no coincide con nuestro sistema cautelar, puesto que nuestra legislación no contempla una medida cautelar específica de *«embargo preventivo»* para el decomiso, sino el embargo como una medida cautelar real. Debido a ello, el Reglamento se aplicaría al decomiso ordinario o de condena, al decomiso ampliado y al decomiso de terceros. No obstante, quedaría dentro del ámbito de aplicación el *«decomiso sin condena»*, también llamado *«decomiso civil»*, incluso en aquellos supuestos en los que dicha figura no exista en el Estado miembro de ejecución, pues el Reglamento los considera de carácter penal a todos los efectos[5]. En cualquier caso, para que ello sea así, es preciso que las resoluciones se emitan en el marco de un procedimiento penal, puesto que solo así sería posible asegurar el cumplimiento *«de las garantías procesales previstas en el paquete de Directivas referidas a garantías procesales, que no son aplicables en procedimientos administrativos o civiles»*[6]. El legislador europeo ha suprimido la verificación de la doble incriminación para las resoluciones dictadas por la comisión de uno o varios delitos enumerados en el artículo tres (los llamados eurodelitos), siempre que sean punibles en el Estado de emisión con una pena máxima privativa de libertad de al menos tres años[7]. Para los delitos no recogidos en el listado prevé que el Estado de ejecución pueda supeditar el reconocimiento y ejecución a la condición a que los hechos sean constitutivos de delito en su ordenamiento interno. Como ya se ha hecho mención, el articulado recoge en dos capítulos diferenciados las normas sobre la transmisión, reconocimiento y ejecución de las resoluciones de embargo, por un lado, y de las resoluciones de decomiso, por otro. En ambos capítulos el legislador mantiene la misma línea estructural. Primero, contempla los supuestos de transmisión de una resolución de embargo o de decomiso, donde desarrolla el procedimiento común que debe seguir el Estado de emisión, para que

---

5   Conde Fuentes, Jesús, *op. cit.,* p. 3.

6   Jiménez-Villarejo Fernández, Francisco, «Recuperación de activos en la Unión europea», *Decomiso y Recuperación de activos. Crime Doesn´t pay,* Tirant lo Blanch, Valencia, 2020, p. 329.

7   Ambas condiciones deben de concurrir para que no sea necesario constatar la doble incriminación. Para Pérez Marín, la doble tipificación deja de ser el criterio preferente para reconocer o denegar y se convierte en subsidiario, aplicándose cuando no se aprecien los criterios de reconocimiento automático, Pérez Marín, María Ángeles, *op. cit.,* p.760.

dicha resolución pueda ser ejecutada en otro Estado (Estado de ejecución). Se trata de un procedimiento basado en un nuevo modelo estandarizado de certificado (de embargo o de decomiso), al que deberá acompañarse la resolución original o una copia certificada, según los casos establecidos. A diferencia de lo que ocurre con la solicitud de Orden Europea de Detención y Entrega (en adelante, OEDE), o la Orden Europea de Investigación (en adelante, OEI), el certificado de decomiso y embargo no equivale a una resolución judicial con fuerza vinculante. El certificado se deberá remitir a la autoridad competente para su ejecución o a la autoridad central designada del Estado de ejecución. Ahora bien, aunque se producen ciertas excepciones en donde se permite la ejecución múltiple de resoluciones de embargo y de decomiso en varios Estados cuando, por ejemplo, se trata de medidas que afectan a bienes concretos ubicados en distintos Estados, o bien, resulta necesaria la intervención de más de un Estado para cumplir la ejecución, este procedimiento sigue marcado por su carácter bilateral. Hubiera sido conveniente permitir una emisión más abierta y seguir el criterio establecido en otros instrumentos como, por ejemplo, la OEDE que puede ser emitida sin saber dónde se localiza el sujeto y grabarse en el Sistema informático *Schengen*. Una vez transmitida la resolución de decomiso, conforme a la forma exigida, el Estado de ejecución la reconocerá y ejecutará dentro del plazo establecido de acuerdo con el principio de reconocimiento mutuo. Y, de la misma forma que si se tratara de una resolución nacional análoga, adoptará las medidas que fueran necesarias para llevar a cabo dicha ejecución. Incorpora una novedad, en este sentido, ya que establece unos plazos máximos vinculantes para los Estados y, en cualquier caso, deberá de adoptarse la decisión lo antes posible. Por otro lado, el Reglamento recoge los motivos de denegación del reconocimiento y de ejecución, y, además, contempla en otros dos preceptos separados las causas de aplazamiento e imposibilidad de ejecución de estas resoluciones, lo que ha supuesto mayor seguridad jurídica para los Estados emisores. Entre las disposiciones generales del texto, nos encontramos con la propuesta dirigida a los Estados para la creación de oficinas nacionales centralizadas a las que se encomienden las tareas de administración, gestión y conservación de los bienes embargados y decomisados. Que, en el caso de España, ya se dispone de dicho organismo, conocido como la Oficina de Gestión y Recuperación de Activos (ORGA). Sin embargo, debemos destacar una novedad introducida en el Reglamento como es la previsión del *«interés de la víctima»*, por la que se impone al Estado de emisión la obligación de informar al Estado de ejecución, cuando se adopte alguna decisión de restitución de los bienes decomisados (o embargados) o de indemnizar a la víctima. Entre las opciones de resarcimiento que recoge el Reglamento, se prevé, además, la restitución de bienes a la víctima como una forma de entrega anticipada de los bienes embargados[8], aunque no exista una resolución de decomiso definitivo. En este último caso, el Estado de ejecución deberá adoptar las medidas necesarias para garantizar que los bienes embargados se restituyan a la víctima lo antes posible, de forma directa o a través del Estado de emisión. Se trata de una novedad que marca la diferencia con otros instrumentos internacionales anteriores, en los que simplemente se reflejaba como un elemento prioritario al que podían atender los Estados a la hora de acordar mutuamente el destino de los bienes.

3. Propuesta de Directiva del Parlamento Europeo y del Consejo, sobre recuperación y decomiso de activos, de 25 de mayo de 2022[9]

En la actualidad los resultados obtenidos tras la puesta en marcha de todo este armamento normativo no han sido del todo satisfactorios para hacer frente a la delincuencia organizada. Y, es que, a pesar de haber aumentado la cooperación entre las oficinas de recuperación de activos,

---

8   CONDE FUENTES, Jesús, *op. cit.,* p.4.

9   Posteriormente a la fecha del cierre de este trabajo (5/02/2024), tuvo lugar la aprobación de la Directiva (UE) 2024/1260 del Parlamento europeo y el Consejo, de 24 de abril de 2024, sobre recuperación y de comiso de activos. En relación con la misma, véase, FUNES BELTRÁN, Tamara, *El decomiso*, Tirant lo Blanch, Valencia, 2025, pp. 334 y ss.

siguen existiendo dificultades en la identificación de activos. De hecho, las cifras de decomisos de productos del delito siguen siendo más bajas que las ganancias obtenidas[10]. Conscientes de ello, las instituciones europeas continúan en la búsqueda de mecanismos más eficaces en la prevención y represión de esta clase de delincuencia[11]. En el año 2020, el Consejo solicitó a la Comisión que abordara el estudio sobre medidas que reforzasen el marco jurídico de la gestión de bienes embargados y la posibilidad de otorgar a los organismos de recuperación de activos competencias adicionales, como el embargo urgente de activos y el acceso a una serie de registros públicos. Por su parte, el Parlamento europeo ha solicitado, también, el refuerzo de las normas sobre recuperación de activos[12]. De estas peticiones surge esta Propuesta de Directiva sobre recuperación y decomiso de activos (en adelante, PD) que recogería unas normas mínimas que, posteriormente, tendrían que ser transpuestas a los ordenamientos internos. Lógicamente, la dimensión de este trabajo no permite adentrarnos de lleno a un análisis exhaustivo de la propuesta, aunque trataremos de exponer las líneas generales más novedosas que se presentan. En cualquier caso, la propuesta se marca tres objetivos principales: Uno, reforzar las capacidades de las autoridades competentes de identificar, embargar y gestionar activos: dos, reforzar y ampliar las capacidades de decomiso a fin de que comprendan todas las actividades delictivas pertinentes llevadas a cabo por grupos de delincuencia organizada; y, tres, mejorar la coo-

---

10 GARRIDO CARRILLO, Francisco Javier, «Cuestiones pendientes sobre el decomiso ocho años después. La propuesta de Directiva del Parlamento Europeo y del Consejo sobre recuperación y decomiso de activos», *Revista de Estudios Europeos*, núm. extra. 1, 2023, p. 321.

11 FARTO PIAY, Tomás, «El decomiso autónomo en el proyecto de directiva de 2022 sobre recuperación y decomiso de activos: los nuevos supuestos y su incidencia en nuestro ordenamiento», *Revista General del Derecho Procesal*, núm. 60, 2023, p. 11.

12 Resolución del Parlamento Europeo, de 15 de diciembre de 2021, sobre el impacto de la delincuencia organizada en los recursos propios de la UE y en el uso indebido de los fondos de la UE, con especial atención en la gestión compartida desde una perspectiva de auditoría y control, P9_TA(2021)0501, [2020/2221(INI)].

peración entre todas las autoridades que intervienen en la recuperación de activos, pues según los datos obtenidos, el 70 % de los grupos criminales organizados operan en más de tres Estados[13]. El texto de la PD se estructura a lo largo de ocho capítulos que engloban los treinta y siete artículos de los que dispone. Al margen de las disposiciones generales del capítulo I y de las disposiciones finales del capítulo VIII, se dedica, al menos inicialmente, en un capítulo (II) para regular las normas sobre el seguimiento e identificación de activos. Con él se pretende facilitar la cooperación entre los organismos de recuperación y gestión. Para ello, se impone a los Estados la obligación de investigar y hacer un seguimiento de activos, cuando se inicie una investigación en relación con un delito que pueda generar una ventaja económica sustancial o, cuando sea necesario, para prevenir, descubrir o investigar delitos relacionados con el incumplimiento de medidas restrictivas de la Unión. Además, cada Estado debe contar al menos con un organismo de recuperación de activos, fijándose una serie de objetivos o competencias determinadas. El capítulo III es el que recoge de forma conjunta las disposiciones sobre el embargo y decomiso. Ambos instrumentos se encuentran íntimamente ligados y, así, lo justifica el legislador comunitario en el Considerando 20, al referirse al embargo como el mecanismo jurídico que permite conservar el bien antes de que se produzca el decomiso. Por ello, se pretende que las ORGAS tengan ciertas facultades para adoptar medidas inmediatas con carácter urgente y provisionalísimas, hasta que se dicte la resolución de embargo. Igualmente, se introduce otro límite temporal a las resoluciones de embargo, pues su vigencia está condicionada al «*necesario para la conservación de los bienes con vistas a un posible decomiso. Los bienes embargados que posteriormente no se hayan decomisado se restituirán sin demora a su titular. Las condiciones o normas procesales en virtud de las cuales se restituyan tales bienes se determinarán en el Derecho*

---

13   Informe de la Europol sobre la «Evaluación de la amenaza de la delincuencia grave y organizada en la Unión Europea», 2021. Disponible en https://www.europol.europa.eu/cms/sites/default/files/documents/socta2021_1.pdf

nacional» (Art. 11.6 PD). En lo que se refiere al decomiso, propiamente dicho, se exige a los Estados que permitan, por un lado, el decomiso total o parcial de los instrumentos y del producto derivados de una infracción penal, previa resolución penal firme condenatoria que podrá ser también resultado de un procedimiento tramitado en ausencia del acusado. Y por otro, refiriéndose al decomiso por valor equivalente, que permitan el decomiso de bienes cuyo valor corresponda a los instrumentos o productos derivados de una infracción penal tras una sentencia condenatoria firme, que a su vez podrá ser resultado de un procedimiento en rebeldía. No obstante, no son los únicos supuestos de decomiso a los que se refiere, y dedica un precepto a cada una de las restantes modalidades como son: el decomiso de bienes de terceros, el decomiso ampliado y el decomiso sin sentencia condenatoria o decomiso autónomo. Junto a ellas, se suma una nueva modalidad, denominada *«decomiso de patrimonio no explicado vinculado a actividades delictivas»*. Esta última modalidad permitiría el decomiso de bienes, cuando no fuera posible con arreglo a lo anterior, basándose en unas sospechas de vinculación delictiva con organizaciones criminales y, además, que la infracción penal con la que se vincula pueda generar una ventaja patrimonial sustancial, y el órgano jurisdiccional nacional haya resuelto que los bienes embargados se derivan de infracciones penales cometidas en el marco de una organización delictiva. Para determinar que el origen de los bienes afectados es ilícito, el órgano jurisdiccional tendrá en cuenta todas las circunstancias del caso, incluidos los hechos concretos y las pruebas disponibles, tales como que el valor de los bienes sea sustancialmente desproporcionado con respecto a los ingresos lícitos del titular del bien. Ahora bien, antes de dictar ninguna resolución de decomiso, se deberá garantizar derechos de defensa de la persona afectada, en particular, concediendo acceso al expediente y reconociendo el derecho a ser oído en cuestiones de hecho y de Derecho. En cuanto al decomiso de bienes de terceros se extiende tanto a personas físicas como jurídicas, quedando salvaguardados los derechos de los terceros de buena fe. Para ello, establece una serie de presunciones *iuris tantum*, además, de que el tercero no deba conocer del origen delictivo del bien o que viene motivado en obstaculizar el decomiso, en total consonancia con lo previsto por el legislador español. Finalmente, con respecto al decomiso ampliado, la novedad de la PD es la posibilidad de ampliarlo a todos los delitos incluidos en el ámbito de aplicación del mismo; y en el decomiso autónomo, se amplían las circunstancias que motivan la imposibilidad de continuar con el proceso penal, sumándose a las previstas en la Directiva de 2014, el fallecimiento del sospechoso (causa ya prevista en nuestro Código Penal), la inmunidad, la amnistía o la expiración de los plazos fijados por la legislación nacional, cuando dichos plazos no sean lo suficientemente prolongados para permitir la investigación y el enjuiciamiento efectivos de las infracciones penales pertinentes (estos tres supuestos sí que deberán ser añadidos a nuestro ordenamiento interno de ser aprobado)[14].

4. Bibliografía

AGUADO CORREA, Teresa, «Embargo y decomiso en la propuesta de directiva sobre recuperación de activos: garantizar que el delito no resulte provechoso a costa de las garantías», *Revista electrónica de Ciencia Penal y Criminología*, núm. 25-34, 2023, pp. 1-49.

CONDE FUENTES, Jesús, «El Reglamento (UE) 2018/1805 y la ejecución de resoluciones de embargo y decomiso», *La Ley penal*, núm. 151, julio-agosto 2021, 2021, pp.1-14.

FARTO PIAY, Tomás, «El decomiso autónomo en el proyecto de directiva de 2022 sobre recuperación y decomiso de activos: los nuevos supuestos y su incidencia en nuestro ordenamiento», *Revista General del Derecho Procesal*, núm. 60, 2023, pp. 1-42.

---

14   FARTO PIAY, Tomás, *op. cit.*, pp. 22-30.

GARRIDO CARRILLO, Francisco Javier, «Cuestiones pendientes sobre el decomiso ocho años después. La propuesta de Directiva del Parlamento Europeo y del Consejo sobre recuperación y decomiso de activos», *Revista de Estudios Europeos*, núm. extra 1, 2023, pp. 311-348.

JIMÉNEZ-VILLAREJO FERNÁNDEZ, Francisco, «Recuperación de activos en la Unión europea», en BERDUGO GÓMEZ DE LA TORRE, I.; RODRÍGUEZ GARCÍA, N. (Coord.), *Decomiso y Recuperación de activos. Crime Doesn´t pay,* Tirant lo Blanch, Valencia, 2020, pp. 295-398.

PÉREZ MARÍN, María Ángeles, «Sobre el procedimiento para el reconocimiento y la ejecución de las resoluciones de embargo: el Reglamento (UE) 2018/1805», *Revista Internacional Consinter de Direito*, Año V, núm. IX, 2.° semestre, 2019, pp. 749-774.

DILIGENCIAS DE INVESTIGACIÓN TECNOLÓGICAS Y DATOS PERSONALES

Ana Isabel González Fernández
Profesora Ayudante Doctora de Derecho Procesal
Universidade de Vigo

1. La inteligencia artificial en el proceso

No cabe duda de que estamos en un mundo diná-mico en constante evolución en gran medida a causa de la denominada Revolución Industrial 4.0 o tecnológica supone un cambio en la forma de vivir, de relacionarnos con los demás bajo la premisa de la instantaneidad, tener todo lo que queramos y comunicarnos a nuestro antojo con ayuda de todo tipo de sistemas inteligentes que han sido diseñados para facilitarnos la vida. La Revolución Industrial 4.0 a la que hacemos referencia, viene de la mano del desarrollo del internet de las cosas (*Internet of Things*, IoT), el *Big Data* o la Inteligencia Artificial, por ello, no se podría entender sin hablar primero, si bien de forma sucinta, de estos conceptos.

El término IoT no es un concepto novedoso en la litera-tura especializada ya que fue objeto de un profuso análisis desde las más variadas disciplinas y objeto de tratamiento en distintos planos, tanto a nivel técnico como desde el plano legal. En concreto, este concepto se refiere a *«una infraestructura en la que miles de millones de sensores incorporados a dispositivos comunes y cotidianos ("objetos" como tales, u objetos vinculados a otros objetos o individuos) registran, someten a tratamiento, almacenan y transfieren datos y, al estar asociados a identificadores únicos, interactúan con otros dispositivos o sistemas haciendo uso de sus capacidades de conexión en red. Dado que la IoT se basa en el principio del tratamiento amplio de los datos mediante estos sensores diseñados para comunicar datos de manera inadvertida e intercambiarlos de manera fluida, está estrechamente relacionada con las nociones de informática "generalizada" y "ubicua"»*[1].

En cuanto al Big Data podemos definirlo como un *«conjunto de tecnologías, algoritmos y sistemas empleados para recolectar datos a una escala y variedad no alcanzada hasta ahora y a la extracción de información de valor mediante sistemas analíticos avanzados soportados por computación en paralelo»*[2].

En este sentido, debemos referirnos a la evidente conexión entre los dos conceptos en el sentido de que sin los datos que se obtienen a través del IoT no podríamos hablar de la generación de los datos que forman parte del Big Data y lo que ello comporta.

Ahora bien, de ello se deriva una ingente cantidad de datos personales que requieren ser tratados con eficiencia. En este contexto surge la Inteligencia Artificial (en adelante, IA). Sobre ella, podemos hacer una primera toma de contacto a través de lo que en su día dijo John McCarthy, refiriéndose a ella como *«la ciencia y la ingenie-*

---

[1]   Dictamen 8/2014 sobre la evolución reciente de la Internet de los objetos, adoptado el 16 de septiembre de 2014, disponible en https://ec.europa.eu/justice/article-29/documentation/opinion-recommendation/files/2014/wp223_es.pdf (fecha de consulta: 01/12/2023), p. 4.

[2]   Agencia Española de Protección de Datos, *Código de buenas prácticas en protección de datos para proyectos de Big Data*, disponible en https://www.aepd.es/sites/default/files/2019-09/guia-codigo-de-buenas-practicas-proyectos-de-big-data.pdf (fecha de consulta 13/11/2023), p. 3.

*ría de fabricar máquinas inteligentes, en especial progra-
mas inteligentes de computación, entendiendo por inteligente la referencia a la parte de la informática orientada a
obtener resultados»*[3].

En este sentido, podemos destacar que es imposible
gestionar el gran volumen de datos que ahora se recolectan a través de los métodos tradicionales de almacena-
miento, gestión, acceso y análisis, por ese motivo, se han
venido implementado nuevos sistemas de IA, algoritmos
y estadísticas por las que se pueden obtener patrones de
comportamiento, gustos, toma de decisiones, reconocimiento de voz, la identificación de objetos, ahorro de
energía, etc., además de crear perfiles personalizados en
dónde aparecen reflejados nuestros gustos personales e,
incluso, la elaboración de perfiles para analizar o predecir
aspectos relativos al rendimiento profesional, la situación
económica, la salud, los intereses, la fiabilidad, el comportamiento o la ubicación[4]. Por decirlo de algún modo, *«los
datos que transmitimos ya no nos pertenecen en exclusiva,
están disponibles para empresas, Estados e incluso para
otros particulares»*[5].

---

3   MARTÍN DIZ, Fernando, «Inteligencia Artificial y Derecho Procesal:
luces, sombras y cábalas en clave de derechos fundamentales», en
MORENO CATENA, Víctor, ROMERO PRADAS, María Isabel (Dirs.) y LARO
GONZÁLEZ, Elena (Coord.), *Nuevos postulados de la cooperación judicial en la Unión Europea. Libro homenaje a la Prof.ª. M.ª Isabel González
Cano*, Valencia, Tirant lo Blanch, 2021, p. 970.
En el mismo sentido se ha referido la Comunicación de la Comisión
al Parlamento Europeo, el Consejo Europeo, el Comité Económico y
social europeo y el Comité de las Regiones sobre Inteligencia Artificial
para Europa (COM (2018) 237 final), al referirse a ella de la siguiente
forma: *«se aplica a los sistemas que manifiestan un comportamiento
inteligente, pues son capaces de analizar su entorno y pasar a la acción —con cierto grado de autonomía— con el fin de alcanzar objetivos
específicos».*

4   Véase, GARRIGA DOMÍNGUEZ, Ana, *Nuevos retos para la protección de
datos personales. En la era del big data y de la computación ubicua*,
Madrid, Dykinson, 2015.

5   MARTÍNEZ DEVIÁ, Andrea, «La Inteligencia Artificial, el big data y la era
digital: ¿una amenaza para los datos personales?», *Revista la Propiedad Inmaterial*, 2019, núm. 27, p. 8.

Pensemos en la cantidad de datos personales que transferimos cada día a la nube a través de nuestras pulseras de actividad o Smartwatch, la información que ofrecemos a nuestra nevera inteligente, la aspiradora que analiza cada recoveco de nuestra vivienda, etc.[6]. Como vemos, la Inteligencia Artificial forma parte de nuestra vida cotidiana y hacemos uso de ella constantemente como puede ser el hecho de organizar nuestra jornada laboral, la conducción inteligente con un vehículo sin conductor, el bloqueo de ciertos correos electrónicos no deseados *(spam)*. Como se puede intuir, la IA requiere conocer determinados datos personales para poder mejorar su rendimiento y, en consecuencia, ofrecer un mejor servicio a los usuarios[7].

Ahora bien, del mismo modo que la IA y toda la información almacenada en el Big Data, crean oportunidades para empresas y beneficios para el conjunto de la ciudadanía no está exento de dificultades en tanto en cuanto suponen un enorme impacto en nuestros derechos y libertades fundamentales[8].

---

6   Como expone la profesora BARONA VILAR, apoyándose en los postulados de BAUMAN, con frecuencia los vigilados colaboramos con los vigilantes de manera voluntaria lo que se puede vincular con una vulneración continuada del derecho a la intimidad y dignidad de las personas con la consiguiente aceptación de este hecho por parte de la sociedad sin ni siquiera llegar a cuestionarlo. Relata BAUMAN que estamos en una tesitura en la que no sabemos quién, cuándo, para qué y desde donde nos controlan (BARONA VILAR, Silvia, «Proceso civil y penal ¿líquido? En el siglo XXI» en BARONA VILAR, Silvia (Ed.), *Justicia Civil y penal en la era global*, Valencia, Tirant lo Blanch, 2017, p. 41).

7   En definitiva, estos sistemas de IA pueden consistir en programas informáticos (como asistentes de voz —Alexa, Siri...—, motores de búsqueda, sistemas de reconocimiento facial, etc., pero también puede estar incorporada en dispositivos de *hardware*, buen ejemplo de ello son los robots avanzados, automóviles autónomos, drones o aplicaciones en nuestros dispositivos electrónicos de uso cotidiano que recolectan datos sobre nuestro comportamiento diario.

8   Buen ejemplo de ello fue el artículo publicado por WikiLeaks revelaba las prácticas de ciberespionaje de la CIA a través de nuestros dispositivos electrónicos que utilizamos cada día, aunque quizá ya fuese algo a lo que sabíamos que nos enfrentamos con el uso de las nuevas tecnologías, en ese momento quedó patente que nuestro derecho a la intimidad y la protección de nuestros datos es el derecho fundamental más amenazado en este milenio.

La Administración de Justicia no es ajena a este fenómeno social, de hecho, de cara a obtener una justicia más rápida, moderna y certera, se ha apuntado a la digitalización de la justicia como la vía adecuada para lograr los fines apuntados, como pueden ser las comunicaciones telemáticas o la inclusión de instrumentos de IA para simplificar algún trámite judicial. Sin embargo, esta posibilidad no está exenta de riesgos en tanto en cuanto tiene incidencia directa en los derechos humanos y procesales de los justiciables (igualdad y no discriminación, protección de datos, derecho a la tutela judicial efectiva presunción de inocencia, derecho al debido proceso, etc.)[9].

2. La importancia de los datos y su protección

Especialmente relevante es el respeto al derecho a la protección de datos personales que se halla implícitamente conectado con el desarrollo de los instrumentos de IA consecuencia de la enorme evolución global tecnológica que ha facilitado la magnitud de la recogida e intercambio de datos personales, planteando nuevos retos en este ámbito.

En lo que queda de trabajo nos vamos a detener fundamentalmente en el respeto a los derechos fundamentales de la ciudadanía en el marco de una investigación criminal, especialmente, al derecho a la protección de datos de carácter personal que debe ser respetado en todo momento tanto en el momento de recabarlos como en su trasmisión a otros Estados Miembros en el marco de un proceso penal.

La protección de las personas físicas en relación con el tratamiento de los datos de carácter personal se recoge como un derecho fundamental, así, en el art. 8 de la Carta de Derechos Fundamentales de la Unión Europea (CDFUE) hace referencia a él de la forma que sigue:

> 1. Toda persona tiene derecho a la protección de los datos de carácter personal que le conciernan.

---

9   Martín Diz, Fernando, *op. cit.*, p. 973.

2. Estos datos se tratarán de modo leal, para fines concretos y sobre la base del consentimiento de la persona afectada o en virtud de otro fundamento legítimo previsto por la ley. Toda persona tiene derecho a acceder a los datos recogidos que le conciernan y a obtener su rectificación.

3. El respeto de estas normas estará sujeto al control de una autoridad independiente.

Dentro de nuestro OJ es obligada la referencia al art. 18.4 de la CE que establece que el derecho a la protección de datos es un derecho fundamental dentro del derecho a la intimidad. No obstante, la jurisprudencia se refiere a él como un derecho autónomo, en concreto, la STC 292/2000, de 30 de noviembre que declara abiertamente que: *«Este derecho fundamental a la protección de datos, a diferencia del derecho a la intimidad del art. 18.1 CE, con quien comparte el objetivo de ofrecer una eficaz protección constitucional de la vida privada personal y familiar, atribuye a su titular un haz de facultades que consiste en su mayor parte en el poder jurídico de imponer a terceros la realización u omisión de determinados comportamientos cuya concreta regulación debe establecer la Ley, aquella que conforme al art. 18.4 CE debe limitar el uso de la informática, bien desarrollando el derecho fundamental a la protección de datos (art. 81.1 CE), bien regulando su ejercicio (art. 53.1 CE). La peculiaridad de este derecho fundamental a la protección de datos respecto de aquel derecho fundamental tan afín como es el de la intimidad radica, pues, en su distinta función, lo que apareja, por consiguiente, que también su objeto y contenido difieran»* [10].

---

10 Puede citarse también la STC 254/199, de 20 de julio, que declaró el carácter autónomo de este derecho: *«en el presente caso estamos ante un instituto de garantía de otros derechos, fundamentalmente el honor y la intimidad, pero también de un instituto que es, en sí mismo, un derecho o libertad fundamental, el derecho a la libertad frente a la potenciales agresiones a la dignidad y a la libertad de la persona provenientes de un uso ilegítimo del tratamiento mecanizado de datos, lo que la Constitución llama "la informática"»*.

Se puede concluir, por tanto, que con el derecho a la protección de datos de carácter personal se persigue garantizar al titular el control sobre sus datos personales, su uso y destino, con el propósito de impedir su tráfico ilícito y lesivo para la dignidad y derecho del afectado, tal como declaró el TC en la sentencia referida. No obstante, debemos tener en cuenta que no se trata de un derecho absoluto para su titular, sino que debe ponerse en equilibrio con otros derechos fundamentales, partiendo del principio de principio de proporcionalidad y según su función en la sociedad.

Ahora bien, la sociedad actual y el auge de las nuevas tecnologías requieren repensar el ámbito de la tutela del contenido de los derechos fundamentales y el mayor carácter lesivo de aplicar la tecnología con fines de investigación criminal, especialmente en sede policial, en este sentido, la injerencia en el espacio «virtual» del afectado *«constituye una afectación grave al Derecho fundamental a la protección de datos de carácter personal»*, por ello, las autoridades competentes a los fines de represión, investigación y enjuiciamiento penal *«deban acomodarse a los estándares garantistas y a los principios rectores de toda medida de investigación que afecte a derechos fundamentales, y en particular, a los principios de judicialidad, especialidad, idoneidad, excepcionalidad, necesidad y proporcionalidad de dichas medidas, con arreglo al art. 588 bis LECrim»*, tanto para legitimar la medida como para la obtención de la prueba de cargo lícita[11].

Por este motivo, la jurisprudencia se ha visto obligada a reconocer que el acceso a los datos contenidos en un ordenador o cualquier dispositivo móvil suponen una injerencia más allá del derecho a la intimidad del usuario, surgiendo el derecho a la protección del entorno virtual[12]. Este derecho de nuevo cuño, sin dejar de constituir

---

11 ORTIZ PRADILLO, Juan Carlos, «Big data, vigilancias policiales y geolocalización: nuevas dimensiones de los derechos fundamentales en el proceso penal», *Diario la Ley*, 2021, núm. 9955, p. 6.

12 Entre otras, STS 342/2013, de 17 de abril.

una dimensión particular del derecho a la intimidad que existe en el mundo físico, es distinto en tanto en cuanto que la información volcada en las redes está enfocada a la protección de la persona y, en consecuencia, vinculado al derecho a la protección de datos de la persona física[13].

3. La protección de datos en la UE y su incidencia en el proceso penal español

De lo expuesto hasta el momento se puede concluir que en el mundo en que vivimos hoy, los datos son un verdadero tesoro para el conjunto de la ciudadanía. En este sentido, la rápida evolución tecnológica y la globalización han planteado nuevos retos en el ámbito de la protección de los datos personales, ámbito dónde se ha visto incrementado de manera significativa la magnitud de la recogida e intercambio de estos datos de carácter personal que vamos dejando cada día.

De forma inconsciente vamos dejando rastro en la red de todo lo que hacemos, ubicaciones, movimientos de dinero, contacto con terceras personas, etc., ya no sólo dentro de las fronteras de un país, sino de forma global. Este hecho es especialmente relevante en el tratamiento de datos personales para la realización de actividades de prevención, investigación, detección o enjuiciamiento de infracciones penales o la ejecución de sanciones penales, incluidas la protección y la prevención frente a las amenazas para la seguridad pública en el seno de la Unión y la transferencia de estos datos personales a terceros países y organizaciones internacionales, al tiempo que se garantiza un alto nivel de protección de los datos personales[14].

---

13 Un análisis exhaustivo de la evolución jurisprudencial en este sentido puede verse en ORTIZ PRADILLO, Juan Carlos, *op. cit.*, p. 9.

14 Véase, IGLESIAS CANLE, Inés Celia, «Intercambio de información e inteligencia en el contexto europeo, con especial referencia al ordenamiento jurídico español» en BONORINO RAMÍREZ, Pablo R., FERNÁNDEZ ACEVEDO, Rafael, VALCÁRCEL FERNÁNDEZ, Patricia (Eds.) y SOBRINO GARCÍA, Itziar (Coord.), *Justicia, Administración y Derecho. Nuevos re-*

Desde el punto de vista de una investigación o proceso penal es posible que se intercambien y recopilen multitud de datos o información que pueden ser personales y sensibles para la persona física, que entonces adquiere la condición de sospechoso, investigado o encausado, rozando en algunos casos los límites que amparan al sujeto ante la vulneración de su derecho de carácter fundamental —la protección de datos de carácter personal—. Especial relevancia cobra este derecho en tanto en cuanto estos datos son susceptibles de ser transmitidos a otro Estado[15]. Sin embargo, esta acción está justificada en términos generales, y atiende a unos fines concretos: la prevención, investigación, detección o enjuiciamiento de infracciones penales o de ejecución de sanciones penales.

Por ello, deben respetarse los derechos y garantías de los procesados en todo caso. En efecto, la UE se caracteriza por ser la vanguardia internacional y mundial en cuanto la protección del derecho a la protección de datos, que fue objeto de regulación ante el rápido desarrollo tecnológico, especialmente de internet a los efectos de *«consolidar e incluso mejorar este elevado nivel de protección a través de la creación de un marco legislativo nuevo, adaptado a la realidad cambiante, al tiempo que sólido, coherente e integral. En definitiva, un entorno normativo para un mundo globalizado y digital»*.

En este contexto, debemos hacer mención a la Directiva 2016/680 del Parlamento Europeo y del Consejo de 27 de abril de 2016[16], relativa a la protección de las personas físi-

---

tos del derecho en el siglo XXI, Navarra, Thomson Reuters Aranzadi, 2021, pp. 91-117.

15 Véase, GONZÁLEZ FERNÁNDEZ, Ana Isabel, «La admisibilidad de la prueba obtenida mediante la orden europea de investigación en el proceso penal español», *Revista General de Derecho Procesal*, núm. 54.

16 Sobre el análisis de la Directiva, véase, COLOMER HERNÁNDEZ, Ignacio, «Control y límites en el uso de la información y los datos personales por parte de la Inteligencia Artificial en los procesos penales» en Barona Vilar, S. (Dir.), *Justicia algorítmica y neuroderecho, una mirada multidisciplinar*, Valencia, Tirant lo Blanch, 2021, pp. 287 y ss., GONZÁLEZ CANO, María Isabel, «Cesión y tratamiento de datos personales en el proceso penal. Avances y retos inmediatos de la directiva (UE)

cas en lo que respecta al tratamiento de datos personales por parte de las autoridades competentes para fines de prevención, investigación, detección o enjuiciamiento de infracciones penales o de ejecución de sanciones penales, y a la libre circulación de dichos datos y por la que se deroga la Decisión Marco 2008/977/JAI del Consejo, esta norma supuso la introducción de un nuevo paradigma en orden al tratamiento de los datos personales con fines penales[17].

2016/680», *Revista Brasileira de Direito Processual Penal*, 2019, núm. 3, pp. 1331-1384.
Sobre el contenido de la LO 7/2021, de 26 de mayo, de protección de datos personales tratados para fines de prevención, detección, investigación y enjuiciamiento de infracciones penales y de ejecución de sanciones penales véase, Marcos Ayjon, Marcos, «La nueva Ley Orgánica para la protección de datos personales en la prevención, investigación, enjuiciamiento de delitos y ejecución de penas», *La Ley Privacidad*, 2021, núm. 8.

17   En otro caso, será de aplicación el Reglamento (UE) 2016/679 del Parlamento Europeo y del Consejo de 27 de abril de 2016, relativo a la protección de las personas físicas en lo que respecta al tratamiento de datos personales y a la libre circulación de estos datos y por el que se deroga la Directiva 95/46/CE que trató de armonizar la protección de los derechos y libertades fundamentales de las personas físicas se aplica en los casos en los que un organismo o entidad recopila datos personales con otros fines y proceda a su tratamiento para el cumplimiento de una obligación jurídica a la que esté sujeto, lo que supone una doble vía para la protección de los datos personales de las personas físicas (Galán Muñoz, Alfonso, «La protección de datos de carácter personal en los tratamientos destinados a la prevención, investigación y represión de delitos: hacia una nueva orientación de la política criminal de la Unión Europea», en Colomer Hernández, Ignacio (Dir), *La transmisión de datos personales en el seno de la cooperación judicial penal y policial en la Unión Europea*, Aranzadi, 2015, pp. 43-44).
En este sentido, por ejemplo, las instituciones financieras tienen la obligación de conservar determinados datos personales que ellas mismas tratan y únicamente facilitan dichos datos personales a las autoridades nacionales competentes en casos concretos y de conformidad con el Derecho del Estado miembro (Considerando 7 Directiva (UE) 2016/680 del Parlamento Europeo y del Consejo de 27 de abril de 2016 relativa a la protección de las personas físicas en lo que respecta al tratamiento de datos personales por parte de las autoridades competentes para fines de prevención, investigación, detección o enjuiciamiento de infracciones penales o de ejecución de sanciones penales, y a la libre circulación de dichos datos y por la que se deroga la Decisión Marco 2008/977/JAI del Consejo).
La Directiva Europea fue transpuesta a nuestra legislación interna a través de la Ley Orgánica 7/2021, de 26 de mayo, de protección de

De lo dispuesto en la Directiva se desprende la sujeción a una serie de principios en aras de garantizar el derecho a la protección de datos personales de las personas físicas. De esta forma, el art. 4 de la citada directiva que fueron más tarde plasmados en nuestra norma nacional, debe regirse en torno a los siguientes principios:

a) Principio de licitud y lealtad: esto requiere que los datos obtenidos deben ser tratados de manera lícita y leal;

b) Principio finalista: recogidos con fines determinados, explícitos y legítimos, y no ser tratados de forma incompatible con esos fines;

c) Principio de pertinencia: lo que requiere que sean adecuados, pertinentes y no excesivos en relación con los fines para los que son tratados;

d) Principio de exactitud: los datos deben ser exactos y, si fuera necesario, actualizados; se habrán de adoptar todas las medidas razonables para que se supriman o rectifiquen sin dilación los datos personales que sean inexactos con respecto a los fines para los que son tratados;

---

datos personales tratados para fines de prevención, detección, investigación y enjuiciamiento de infracciones penales y de ejecución de sanciones penales. En el mismo sentido que la norma europea, el art. 14 de nuestra norma dispone: «1. *Están prohibidas las decisiones basadas únicamente en un tratamiento automatizado, incluida la elaboración de perfiles, que produzcan efectos jurídicos negativos para el interesado o que le afecten significativamente, salvo que se autorice expresamente por una norma con rango de ley o por el Derecho de la Unión Europea. La norma habilitante del tratamiento deberá establecer las medidas adecuadas para salvaguardar los derechos y libertades del interesado, incluyendo el derecho a obtener la intervención humana en el proceso de revisión de la decisión adoptada. 2. Las decisiones a las que se refiere el apartado anterior no se basarán en las categorías especiales de datos personales contempladas en el artículo 13, salvo que se hayan tomado las medidas adecuadas para salvaguardar los derechos y libertades y los intereses legítimos del interesado. 3. Queda prohibida la elaboración de perfiles que dé lugar a una discriminación de las personas físicas sobre la base de categorías especiales de datos personales establecidas en el artículo 13*».

e) Principio de conservación: esto es, han de conservarse de forma que permita identificar al interesado durante un período no superior al necesario para los fines para los que son tratados;

f) tratados de tal manera que se garantice una seguridad adecuada de los datos personales, incluida la protección contra el tratamiento no autorizado o ilícito y contra su pérdida, destrucción o daño accidentales, mediante la aplicación de medidas técnicas u organizativas adecuadas.

En lo que se refiere al tratamiento automatizado de datos recopilados por algoritmos, el art. 11 establece que: *«los Estados miembros dispondrán la prohibición de las decisiones basadas únicamente en un tratamiento automatizado, incluida la elaboración de perfiles, que produzcan efectos jurídicos negativos para el interesado o le afecten significativamente, salvo que estén autorizadas por el Derecho de la Unión o del Estado miembro a la que esté sujeto el responsable del tratamiento y que establezca medidas adecuadas para salvaguardar los derechos y libertades del interesado, al menos el derecho a obtener la intervención humana por parte del responsable del tratamiento».*

La propia norma establece una salvedad para la adopción de medidas adecuadas para salvaguardar los derechos y libertades del interesado, incluyendo, al menos, el derecho a obtener la intervención humana por parte del responsable del tratamiento de los datos con fines penales[18].

Como vemos, la legislación europea de referencia en materia de protección de datos personales en el proceso penal viene descartando ya la utilización de un sistema de IA para un tratamiento masivo de los datos de las personas encausadas y requiere participación humana a la hora

---

18   Carrillo del Teso, Ana E., «La protección de las personas físicas en la cooperación penal europea tras la directiva (UE) 2016/680», en Bueno de Mata, Federico (Dir.) y González Pulido, Irene (Coord.), *Fodertics 7.0. Estudios sobre Derecho Digital*, Granada, Comares, p. 19.

de tomar alguna decisión que implique injerencia en los derechos y garantías del encausado o acusado.

4. Bibliografía

BARONA VILAR, Silvia, «Proceso civil y penal ¿líquido? En el siglo XXI», en BARONA VILAR, Silvia (Ed.), *Justicia Civil y penal en la era global*, Valencia, Tirant lo Blanch, 2017.

CARRILLO DEL TESO, Ana E., «La protección de las personas físicas en la cooperación penal europea tras la directiva (UE) 2016/680», en BUENO DE MATA, Federico (Dir.) y GONZÁLEZ PULIDO, Irene (Coord.), *Fodertics 7.0. Estudios sobre Derecho Digital*, Granada, Comares.

COLOMER HERNÁNDEZ, Ignacio, «Control y límites en el uso de la información y los datos personales por parte de la Inteligencia Artificial en los procesos penales», en BARONA VILAR, Silvia (Dir.), *Justicia algorítmica y neuroderecho, una mirada multidisciplinar*, Valencia, Tirant lo Blanch, 2021, pp. 287 y ss.

GARRIGA DOMÍNGUEZ, Ana, *Nuevos retos para la protección de datos personales. En la era del big data y de la computación ubicua*, Madrid, Dykinson, 2015.

GONZÁLEZ FERNÁNDEZ, Ana Isabel, «La admisibilidad de la prueba obtenida mediante la orden europea de investigación en el proceso penal español», *Revista General de Derecho Procesal*, núm. 54.

IGLESIAS CANLE, Inés Celia, «Intercambio de información e inteligencia en el contexto europeo, con especial referencia al ordenamiento jurídico español», en BONORINO RAMÍREZ, Pablo Raúl, FERNÁNDEZ ACEVEDO, Rafael, VALCÁRCEL FERNÁNDEZ, Patricia (Eds.) y SOBRINO GARCÍA, Itziar (Coord.), *Justicia, Administración y Derecho. Nuevos retos del derecho en el siglo XXI*, Navarra, Thomson Reuters Aranzadi, 2021.

MARCOS AYJON, Marcos, «La nueva Ley Orgánica para la protección de datos personales en la prevención, investigación, enjuiciamiento de delitos y ejecución de penas», *La Ley Privacidad*, 2021, núm. 8.

MARTÍN DIZ, Fernando, «Inteligencia Artificial y Derecho Procesal: luces, sombras y cábalas en clave de derechos fundamentales», en MORENO CATENA, Víctor y ROMERO PRADAS, María Isabel (Dirs.) y LARO GONZÁLEZ, María Elena (Coord.), *Nuevos Postulados de la Cooperación Judicial en la Unión Europea. Libro Homenaje a la Prof.ª M.ª Isabel González Cano*, Valencia, Tirant lo Blanch, 2021, pp. 969 a 1006.

MARTÍNEZ DEVIÁ, Andrea, «La Inteligencia Artificial, el big data y la era digital: ¿una amenaza para los datos personales?», *Revista la Propiedad Inmaterial*, 2019, núm. 27.

ORTIZ PRADILLO, Juan Carlos, «Big data, vigilancias policiales y geolocalización: nuevas dimensiones de los derechos fundamentales en el proceso penal», *Diario la Ley*, 2021, núm. 9955.

ALGUNAS CONSIDERACIONES SOBRE INTELIGENCIA ARTIFICIAL, PROCESO PENAL Y DERECHOS FUNDAMENTALES[19/20]

María Lourdes Noya Ferreiro
Profesora Titular de Derecho Procesal
Universidad de Santiago de Compostela

1. Consideraciones iniciales

En los últimos años la presencia de la ciencia y de la tecnología en el día a día cobra cada vez mayor relevancia, hasta el punto de que casi resulta imposible no ligar el desempeño de cualquier trabajo o profesión, o la actividad personal diaria, con los avances científicos y tecnológicos que se están produciendo. Es innegable, y se ha puesto de manifiesto en más de una ocasión, que la

19 Este trabajo ha sido elaborado en el marco del proyecto de investigación «Inteligencia artificial, Justicia y Derecho: ¿irrupción o disrupción tecnológica en el proceso penal?» (PID2020-119324GB-I00), financiado por el Ministerio de Ciencia e Innovación. Período de ejecución 2021-2023.

20 Este trabajo ha sido publicado en la obra *Variaciones sobre un mismo tema: el ejercicio procesal de los derechos*. Libro homenaje a Valentín Cortés Domínguez, dirigido por GONZÁLEZ GRANDA, DAMIÁN MORENO y ARIZA COLMENAREJO, Editorial Colex, ISBN 978-84-1359-672-3, A Coruña, 2022, pp. 685-702.

evolución científica y tecnológica facilita el trabajo, la actividad laboral y productiva del país, y el desarrollo de la vida personal en todos sus variados aspectos. Además, ha de tenerse en cuenta también, el estrecho vínculo que une el progreso científico con el empleo de la tecnología y su aplicación en los distintos sectores de la industria, el comercio y por lo que aquí interesa, en la investigación y prueba en el proceso.

La sociedad actual camina hacia un mundo en el que las conexiones entre seres humanos y máquinas serán lo más habitual, convirtiendo lo que hasta ahora era ficción literaria o cinematográfica en una realidad que cada vez está más cerca. Desde la tecnología 2G que permitió el envío de SMS, se ha evolucionado a la 3G que facilita la conexión a internet, la 4G con la banda ancha, y ahora la 5G que aumenta la velocidad de conexión y multiplica el número de dispositivos que se pueden conectar e interconectar en tiempo real. A todos estos avances que permiten el uso de las tecnologías de la información y de la comunicación (TIC), se suma la constante evolución de un conjunto heterogéneo de sistemas o instrumentos a los que se denomina «inteligencia artificial», que actualmente ya tienen cabida en muchas de las actividades del mundo laboral y social, y desde luego en el ámbito jurídico.

El Libro Blanco sobre Inteligencia Artificial, elaborado por la Comisión europea en 2020, pone de manifiesto que *«La inteligencia artificial se está desarrollando rápido. Cambiará nuestras vidas, pues mejorará la atención sanitaria (por ejemplo, incrementando la precisión de los diagnósticos y permitiendo una mejor prevención de las enfermedades), aumentará la eficiencia de la agricultura, contribuirá a la mitigación del cambio climático y a la correspondiente adaptación, mejorará la eficiencia de los sistemas de producción a través de un mantenimiento predictivo, aumentará la seguridad de los europeos y nos aportará otros muchos cambios que de momento solo podemos intuir. Al mismo tiempo, la inteligencia artificial (IA) conlleva una serie de riesgos potenciales, como la opacidad en la toma de decisiones, la discriminación de género o de otro tipo, la intromisión en nuestras vidas privadas o su uso con fines delictivos»*[21].

Para la Real Academia Española, la inteligencia artificial es la *«disciplina científica que se ocupa de crear programas informáticos que ejecutan operaciones comparables a las que realiza la mente humana, como el aprendizaje o el razonamiento lógico»*. Con ella se pretende *«la automatización de comportamientos inteligentes como razonar, recabar información, planificar, aprender, comunicar, manipular, observar e incluso crear, soñar y percibir»*[22].

El Libro Blanco la considera una combinación de tecnologías que agrupa datos, algoritmos y capacidad informática[23]. Los avances en computación y la creciente disponibilidad de datos son, por tanto, un motor fundamental en el pronunciado crecimiento actual de la inteligencia artificial.

Desde luego, no se puede recurrir a un concepto unívoco de la Inteligencia Artificial (IA), principalmente porque los sistemas que se integran bajo esta denominación son muy diferentes y responden a estructuras y aplicaciones distintas[24]. Sin embargo, todos ellos tienen en común que parten de una programación predeterminada y, en función de los análisis realizados por el propio sistema, proporcionan soluciones a las consultas o problemas que se le plantea.

---

21 Libro Blanco de Inteligencia Artificial. Un enfoque europeo orientado a la excelencia y la confianza. Comisión europea, 2020. EUR-Lex - 52020DC0065 - EN - EUR-Lex (europa.eu).

22 Dictamen del Comité Económico y Social Europeo «Inteligencia artificial: las consecuencias de la inteligencia artificial para el mercado único (digital), la producción, el consumo, el empleo y la sociedad», Diario Oficial de la Unión Europea C 288/1, 31 de agosto de 2017, p. 3.

23 Un algoritmo es un conjunto de instrucciones o reglas definidas y no-ambiguas, ordenadas y finitas que permite solucionar un problema, realizar un cómputo, procesar datos y llevar a cabo otras tareas o actividades.

24 Bajo esta denominación se integran una serie de operaciones matemáticas basadas en el procesamiento de datos. Entre ellos, los Big Data que gestionan grandes cantidades de datos, los *Data Mining* que, basados también en el procesamiento de datos, encuentran patrones de comportamiento o de actuación, o los *Machine Learning*, que en un paso más allá tienen como finalidad el aprendizaje de la propia máquina tomando como referencia los datos que se le han proporcionado.

Partiendo de esta premisa, la Comisión Europea, en su documento sobre la Inteligencia Artificial, integra aquellos sistemas que manifiestan un comportamiento inteligente, pues son capaces de analizar su entorno y pasar a la acción —con cierto grado de autonomía— con el fin de alcanzar objetivos específicos. Tal y como recoge la Comisión, «*los sistemas basados en la IA pueden consistir simplemente en un programa informático (p. ej. asistentes de voz, programas de análisis de imágenes, motores de búsqueda, sistemas de reconocimiento facial y de voz), pero la IA también puede estar incorporada en dispositivos de hardware (p. ej. robots avanzados, automóviles autónomos, drones o aplicaciones del internet de las cosas)*»[25].

La base fundamental de los sistemas de IA, lo constituye el análisis de una gran cantidad de datos (Big Data), que, atendiendo a las instrucciones de los algoritmos que se implantan en el sistema, se entrelazan con la finalidad de dar respuesta a las cuestiones planteadas. Por tanto, el inicio de la IA se encuentra en los sistemas automatizados de toma de decisiones, basadas en la respuesta proporcionada por los algoritmos al cruzar los datos introducidos previamente. De esta forma, los sistemas de IA perciben el entorno a través de los datos introducidos por un programador, interpretándolos, procesando la información que se le suministra, y proponiendo decisiones. Es determinante en su funcionamiento la capacidad de interrelacionar datos, y de obtener patrones de conducta o de comportamiento, en función precisamente del análisis de esos datos[26].

---

[25] Documento de la Comisión europea. Inteligencia artificial Europa. Bruselas, 25 de abril de 2018. Comunicación de la Comisión al Parlamento Europeo, al Consejo Europeo, al Consejo, al Comité Económico y Social Europeo y al Comité de las Regiones. Inteligencia artificial para Europa, Bruselas, 25 de abril de 2018. EUR-Lex - 52018DC0237 - EN - EUR-Lex (europa.eu)

[26] Solar Cayón, J. I., «Inteligencia artificial en la justicia penal: los sistemas algorítmicos», en *Dimensiones éticas y jurídicas de la Inteligencia artificial en el marco del Estado de Derecho*, Cuadernos de la Cátedra de Democracia y Derechos Humanos, 16, Universidad de Alcalá. Defensor del Pueblo, 2020, p. 130.

Sin embargo, el progreso tecnológico de los últimos años resulta fundamental para el desarrollo de nuevas aplicaciones de la inteligencia artificial, por lo que ahora, ya es inevitable hacer referencia a la implementación de sistemas más sofisticados, que, partiendo de algoritmos más complejos, permiten la evolución de la máquina, con planteamientos no predeterminados o previstos previamente. Su objetivo es que la máquina «inteligente» realice de forma automática y autónoma las mismas tareas que realiza el ser humano[27]. Las conocidas como *machine learning*, se basan en algoritmos complejos con capacidad de anticipar comportamientos, y deducir y entrelazar datos no previstos por el programador. Este es precisamente el peligro del sistema, la incomprensión de su funcionamiento, que va a resultar decisivo en el análisis sobre la legitimidad de su aplicación[28].

A la hora de analizar los elementos y factores que se integran en dicha aplicación, no puede obviarse que el resultado propuesto por el sistema inteligente está basado en el análisis y procesamiento de datos introducidos previamente por el ser humano, por lo que dista mucho todavía de que se califiquen como sistemas inteligentes[29]. Los sistemas de IA pueden proponer soluciones a las consultas planteadas, pero dichas soluciones tienen su fundamento en el análisis de los datos proporcionados, se trata de un proceso automatizado, pero en ningún caso de un proceso consciente[30].

No obstante, la tecnología sigue en una evolución imparable, y a través de la nanotecnología podría pensarse ya

---

27 GUZMÁN FLUJA, V., «Arbitraje y soluciones técnicas inteligentes», en *Justicia algorítmica y Neuroderecho. Una mirada interdisciplinar* (dirigido por Barona Vilar), Tirant lo Blanch, Valencia, 2021, p. 561.

28 PÉREZ ESTRADA, M. J., *Fundamentos jurídicos para el uso de la inteligencia artificial en los órganos judiciales,* Tirant lo Blanch, Valencia, 2022, p. 33.

29 MIRÓ LLINARES, F., «Inteligencia artificial y justicia penal: más allá de los resultados lesivos causados por robots», en *Revista de Derecho Penal y Criminología*, número 20, 2018, p. 90.

30 GUZMÁN FLUJA, V., «Arbitraje y soluciones técnicas inteligentes», *op. cit.*, p. 558.

en la implantación en el ser humano de sistemas que potencien la inteligencia, y que respondan no sólo a un procesamiento de gran cantidad de datos, sino también a la toma de decisiones de forma autónoma (Cyborg)[31]. Por el momento, todavía se trata de ciencia ficción, pero a la hora de abordar una regulación sobre la utilización de sistemas de IA, no puede perderse de vista esta posible derivación hacia sistemas que imiten las facultades cognitivas y sensoriales del ser humano.

Desde esta perspectiva, es preciso señalar que la dirección y el control de los sistemas de IA en el ámbito jurídico ha de realizarse desde el Derecho, que debe proporcionar las bases para su aplicación. Partiendo de que los sistemas de IA se nutren de los datos proporcionados, es ya importante la regulación que se ha llevado a cabo en la Ley Orgánica 7/2021, de 26 de mayo, de protección de datos personales tratados para fines de prevención, detección, investigación y enjuiciamiento de infracciones penales y de ejecución de sanciones penales. A su objeto, ya recogido en la denominación de la Ley, hace referencia el artículo 1, y al regular su ámbito de aplicación, previsto en el artículo 2, establece que será de aplicación tanto al tratamiento automatizado o no automatizado de datos personales, por parte de las autoridades competentes, «(...) *con fines de prevención, detección, investigación y enjuiciamiento de infracciones penales o de ejecución de sanciones penales, incluidas la protección y prevención frente a las amenazas contra la seguridad pública*». También precisa que la protección de la Ley comprende el tratamiento de los datos personales «(...) *llevado a cabo con ocasión de la tramitación por los órganos judiciales y fiscalías de las actuaciones o procesos de los que sean competentes, así como el realizado dentro de la gestión de la Oficina judicial y fiscal, en el ámbito del artículo 1*».

En este contexto, es una realidad que en el campo jurídico los sistemas predictivos son ya de aplicación en

---

31   BARONA VILAR, S., *Algoritmización del Derecho y de la justicia. De la Inteligencia Artificial a la Smart Justice,* Tirant lo Blanch, Valencia 2021, p. 545.

el ámbito procesal en los despachos de abogados, que los utilizan para elaborar sus estrategias de defensa en función del análisis de patrones de comportamiento de juzgados y tribunales, o en la búsqueda y análisis de la documentación relevante para un caso concreto[32]. Sin embargo, su utilización por las fuerzas y cuerpos de la seguridad del Estado, y desde luego, la introducción de estos sistemas de IA en la actividad jurisdiccional constituye una preocupación cada vez mayor, debido no sólo a los riesgos que supone para los derechos fundamentales y las garantías del proceso debido, sino también para la propia naturaleza de la función jurisdiccional y su interpretación conforme a las reglas de un Estado de Derecho.

A los posibles riesgos que pueden plantearse por la utilización de sistemas de IA, hace referencia la Exposición de Motivos de la Propuesta de Reglamento del Parlamento Europeo y del Consejo (PRPEC), de 21 de abril de 2021, por el que se establecen normas armonizadas en materia de inteligencia artificial, cuando señala que *«La inteligencia artificial (IA) es un conjunto de tecnologías de rápida evolución que puede generar un amplio abanico de beneficios económicos y sociales en todos los sectores y las actividades sociales. Mediante la mejora de la predicción, la optimización de las operaciones y de la asignación de los recursos y la personalización de la prestación de servicios, la inteligencia artificial puede facilitar la consecución de resultados positivos desde el punto de vista social y medioambiental, así como proporcionar ventajas competitivas esenciales a las empresas y la economía europea. Esto es especialmente necesario en sectores de gran impacto como el cambio climático, el medio ambiente y la salud, el sector público, las finanzas, la movilidad, los asuntos internos y la agricultura. No obstante, los mismos elementos y técnicas que potencian los beneficios socioeconómicos de la IA también pueden dar lugar a nuevos riesgos o consecuencias negativas para personas concretas o la sociedad en su conjunto».*

---

32 SOLAR CAYÓN, J. I., «Inteligencia artificial en la justicia penal... *op. cit.,* p. 126.

Precisamente, estas posibles consecuencias negativas ya habían provocado la reacción del Consejo de Europa, que, en 2019, estableció las bases para que la introducción de los instrumentos de inteligencia artificial no afecte de forma negativa al sistema de derechos humanos, y al correcto funcionamiento del Estado de Derecho. Entre las conclusiones de la Conferencia sobre esta materia, celebrada en Helsinky en febrero de 2019, se ha señalado que el diseño, el desarrollo y el despliegue de las herramientas de IA deben ser objeto de una evaluación de riesgos conforme a los principios aplicables. Todos los procesos automatizados deben ser diseñados para que puedan ser examinados por un revisor humano. En todos los casos en que se alegue la existencia de violaciones de los derechos humanos, deben existir recursos eficaces en el marco de las competencias públicas y privadas. La transparencia algorítmica es crucial para crear confianza y garantizar la debida protección de los derechos. La igualdad ante la ley no debe verse comprometida por el cálculo algorítmico. Las herramientas de IA pueden apoyar a jueces capacitados, mientras que el contenido y los contornos de las leyes y los sistemas legales de las sociedades democráticas deben seguir siendo gobernados por seres humanos[33].

Resulta evidente que el sistema de justicia, y especialmente de justicia penal, no es ajeno, ni debe serlo, a la introducción de los avances tecnológicos y de los instrumentos de IA. Así lo demuestra el día a día de cualquier investigación criminal[34]. Junto al examen de las huellas, muestras y vestigios encontrados en el lugar de comisión del hecho delictivo, análisis que ya se realizan utilizando instrumentos de procesamiento avanzado de datos, se analizan y estudian ahora los datos y la información que se puede encontrar en los dispositivos electrónicos del

---

33 *Vid.* sobre esta cuestión, «El Consejo de Europa crea un Comité para impulsar la regulación de la Inteligencia artificial» en https://elconsultor.laley.es, 13 de septiembre de 2019.

34 GASCÓN INCHAUSTI, F., «Desafíos para el proceso penal en la era digital: externalización, sumisión pericial e inteligencia artificial», en *La justicia digital en España y la Unión Europea,* (dirigido por CONDE FUENTES y SERRANO HOYO), Editorial Atelier, Barcelona, 2019, p. 192.

investigado y su entorno. La ubicación de un sujeto en un lugar concreto y determinado, y la determinación de su perfil o conjuntos de rasgos que configuran su personalidad, a efectos de identificarlo y sujetarlo a la investigación penal, no resulta ya nada extraño, y cada vez se puede llevar a cabo con más facilidad utilizando los datos proporcionados no sólo por el sujeto investigado, sino también por dispositivos de otras personas que ha utilizado, o que se encontraban en su entorno.

En este sentido, la conservación de los datos almacenados por estos dispositivos, y su análisis cruzado por aplicaciones informáticas que ejecutan el tratamiento de los llamados Big Data, permite avances muy importantes en la investigación criminal[35]. No obstante, son muchas las voces que se pronuncian en contra del uso indiscriminado de este tipo de aplicaciones que inciden en los derechos fundamentales de los individuos, fundamentalmente en el derecho a la intimidad, la protección de datos personales y la vida privada en general, además de aquellos derechos fundamentales de naturaleza procesal que se tratarán en un epígrafe posterior[36].

Desde luego, la justicia tiene muy presente las grandes ventajas que proporcionan los instrumentos de inteligencia artificial, prueba de ello es el Convenio suscrito en 2017 entre el CGPJ y la Secretaría de Estado para la Sociedad de la Información y la Agenda Digital. El citado convenio permite a los profesionales adscritos a los órganos jurisdiccionales utilizar aplicaciones de inteligencia artificial que puedan facilitar su trabajo. Dichas aplicaciones se utilizan principalmente para el tratamiento jurisprudencial y

---

35 Sobre esta cuestión, v. ORTIZ PRADILLO, J. C., «Big Data, vigilancias policiales y geolocalización: nuevas dimensiones de los derechos fundamentales en el proceso penal», *La ley digital*, de 25 de enero de 2022, pp. 2 y ss.

36 V. COLOMER HERNÁNDEZ/OUBIÑA BARBOLLA (directores) *La transmisión de datos personales en el seno de la cooperación judicial penal y policial en la Unión Europea»*, Aranzadi, Cizur Menor (Navarra), 2015; VELASCO NUÑEZ, E., «Investigación penal y protección de datos» en *El Cronista del Estado Social y Democrático de Derecho*, número 88-89, 2020.

análisis de documentos[37]. También es importante, por su innovación para la tramitación procesal, hacer referencia al proyecto de digitalización de la Administración de justicia, promovido por el Ministerio de Justicia al amparo de la Ley 18/2011, de 5 de julio, reguladora del uso de las tecnologías de la información y la comunicación en la Administración de Justicia[38]. El citado proyecto supone la implantación del expediente electrónico, lo que exige la digitalización de los procedimientos que se desarrollan ante los tribunales, para lo que resulta imprescindible que los actos de comunicación y presentación de escritos se lleven a cabo de forma electrónica, tal y como lo ha regulado en su momento la Ley 42/2015, de 5 de octubre, de reforma de la Ley 1/2000, de 7 de enero, de Enjuiciamiento Civil.

En este sentido, y en relación con la tramitación procesal, el acceso a las bases de datos y documentación jurídica a través de los instrumentos de IA es un avance importante para el buen funcionamiento de la organización judicial. Pero en este tipo de instrumentos lo que se proporciona al órgano jurisdiccional, y al personal que lo compone, son sistemas que facilitan su trabajo, pero que en ningún caso sustituyen al sujeto en la toma de decisiones. La aplicación de los sistemas de IA para este tipo de actuaciones, pretendiendo la resolución de un conflicto concreto, requiere que la decisión adoptada por el sistema pueda ser revisada por la persona que lo controla, apartándose incluso de ella cuando se cuestione el resultado[39]. Con ello no se pretende mantener que los sistemas

---

37 Martín Diz, F., «Inteligencia artificial y proceso: garantías frente a eficiencia en el entorno de los derechos procesales fundamentales», en *Justicia: ¿Garantías versus Eficiencia?,* (coordinado por Llopis Nadal/ Bellido Penadés/Jiménez Conde/De Luis García), http://www.tiranton-line.com, 21 de enero 2020 p. 2.

38 Dicha Ley fijaba un plazo de cinco años para que las Administraciones competentes dotasen a las oficinas judiciales y fiscalías de sistemas de gestión procesal que permitan la tramitación electrónica de los procedimientos.

39 En este sentido, ya el Reglamento del Parlamento Europeo y del Consejo, de 27 de abril de 2016, relativo a la protección de las personas físicas en lo que respecta al tratamiento de datos personales y a la libre circulación de estos datos, por el que se deroga la Directiva 95/46/

de inteligencia artificial no puedan evolucionar hasta el punto de que la actividad humana en el proceso pueda ser sustituida, lo que realmente se defiende es que, desde el respeto a la propia naturaleza de la función jurisdiccional y la protección de los derechos fundamentales en un Estado de Derecho, sea esta opción la más apropiada[40].

Por tanto, como cabe colegir de las consideraciones anteriores, a la hora de analizar la implantación de los sistemas de IA en la Administración de justicia, sin poner en duda su utilidad, también deben tenerse en cuenta los graves peligros que este tipo de recursos pueden generar en el respeto a la dignidad de la persona y a los derechos fundamentales, y en el correcto funcionamiento de un proceso penal conforme a los principios constitucionales propios del Estado de Derecho[41].

Así se refleja en la propuesta de Reglamento del Parlamento y del Consejo de 21 de abril de 2021, ya citada, cuando en su considerando 38 establece que *«Las actuaciones de las autoridades encargadas de la aplicación de la ley que implican determinados usos de sistemas de IA se caracterizan por un importante desequilibrio de poder y pueden dar lugar a la vigilancia, la detención o la privación de libertad de una persona física, así como a otros efectos negativos sobre los derechos fundamentales que garantiza la Carta. En particular, si el sistema de IA no está entrenado con datos de buena calidad, no cumple los requisitos oportunos en términos de precisión o solidez, o no se diseña y*

CE, establece en su artículo 22 que «*1. Todo interesado tendrá derecho a no ser objeto de una decisión basada únicamente en el tratamiento automatizado, incluida la elaboración de perfiles, que produzca efectos jurídicos en él o le afecte significativamente de modo similar*».

40 GUZMÁN FLUJA, V., «Automated justice. La preocupante tendencia hacia la justicia penal automatizada» en *Derecho procesal. Retos y transformaciones* (dirigido por BUJOSA VADELL), Editorial Atelier, Barcelona, 2021, p. 366, *Vid.* también GÓMEZ COLOMER, J. L., «Unas reflexiones sobre el llamado "juez-robot", al hilo del principio de la independencia judicial», en *Justicia algorítmica..., op. cit.,* p. 253.

41 GUZMÁN FLUJA, V., «Automated justice. La preocupante tendencia hacia la justicia penal...», *op. cit.,* p. 344.

prueba debidamente antes de introducirlo en el mercado o ponerlo en servicio, puede señalar a personas de manera discriminatoria, incorrecta o injusta. Además, podría impedir el ejercicio de importantes derechos procesales fundamentales, como el derecho a la tutela judicial efectiva y a un juez imparcial, así como los derechos de la defensa y la presunción de inocencia, sobre todo cuando dichos sistemas de IA no sean lo suficientemente transparentes y explicables ni estén bien documentados. Por consiguiente, procede considerar de alto riesgo a múltiples sistemas de IA diseñados para usarse con fines de aplicación de la ley cuando su precisión, fiabilidad y transparencia sean especialmente importantes para evitar consecuencias adversas, conservar la confianza de la población y garantizar la rendición de cuentas y una compensación efectiva. En vista de la naturaleza de las actividades en cuestión y de los riesgos conexos, entre dichos sistemas de IA de alto riesgo deben incluirse, en particular, los sistemas de IA que las autoridades encargadas de la aplicación de la ley utilicen para realizar evaluaciones del riesgo individuales, los polígrafos y herramientas similares, o los sistemas utilizados para detectar el estado emocional de una persona física; para detectar ultrafalsificaciones; para evaluar la fiabilidad de las pruebas en un proceso penal; para predecir la comisión o reiteración de un delito real o potencial mediante la elaboración de perfiles de personas físicas; para evaluar rasgos y características de la personalidad o conductas delictivas pasadas de personas físicas o grupos; para elaborar perfiles durante la detección, la investigación o el enjuiciamiento de infracciones penales, y para realizar análisis penales en relación con personas físicas. No debe considerarse que los sistemas de IA destinados específicamente a que las autoridades fiscales y aduaneras los utilicen en procesos administrativos forman parte de los sistemas de IA de alto riesgo usados por las autoridades encargadas de la aplicación de la ley con el fin de prevenir, detectar, investigar y enjuiciar infracciones penales».

2. Inteligencia artificial y proceso penal

La justicia del siglo XXI, y por tanto también la justicia penal, responde, como no puede ser de otra forma, a la evolución y los cambios que ha experimentado la sociedad actual. Cambios que se suceden a una velocidad impensable pocos años atrás, sin tiempo para la reflexión, y mucho menos para que las reformas legales se adapten y se consoliden en un tiempo en el que lo novedoso y la respuesta inmediata rige el día a día de los ciudadanos. En esta realidad cambiante, y sin tiempo para adaptar y consolidar principios y fundamentos propios de una justicia «moderna» y eficaz para la sociedad a la que se debe, los avances científicos y tecnológicos se convierte en un factor principal para el diseño de ese modelo de justicia, y desde luego, para el nuevo modelo del proceso penal[42]. Tratándose de un recurso imprescindible para la investigación y prueba en el proceso penal, la implantación de los sistemas de IA requiere también nuevos modelos de control y de actuación de los distintos operadores que intervienen en el proceso, todo ello con la finalidad de garantizar la eficacia sin perder de vista las garantías[43].

Precisamente, la irrupción de los sistemas de IA en la investigación penal, y su utilización por las fuerzas y cuerpos de la seguridad del Estado[44], provoca una necesaria cooperación de los integrantes de las distintas unidades policiales, con los jueces y fiscales, cooperación que, si bien ya es habitual, se incrementa ahora con las nuevas diligencias de investigación tecnológica que en su mayoría son ejecutadas o supervisadas por la policía. Y es precisamente esta cooperación la que pone el acento en el uso de la tecnología y de los sistemas de expertos por la policía, con fines no sólo investigadores sino también preventivos, lo que desde luego reporta grandes venta-

---

42 *Vid*. más ampliamente, BARONA VILAR, S., «Mutación de la justicia en el siglo XXI. Elementos para una mirada poliédrica de la tutela de la ciudadanía», en *Justicia poliédrica en periodo de mudanza (Nuevos conceptos, nuevos sujetos, nuevos instrumentos y nueva intensidad)*, (editado por BARONA VILAR), Tirant lo Blanch, Valencia, 2022, p. 35.

43 GASCON INCHAUSTI, F., «Desafíos para el proceso penal en la era digital…, *op. cit.*, p. 192.

44 *Vid*. ALONSO SALGADO, C., «Acerca de la inteligencia artificial en el ámbito penal: especial referencia a la actividad de las fuerzas y cuerpos de seguridad», *Ius Et Scientia,* volumen 7, número 1, 2021, pp. 25 y ss.

jas para la persecución criminal, pero también supone un reto a la hora de introducir los resultados obtenidos en el proceso penal.

En este sentido y a título de ejemplo, la geolocalización supone una aportación fundamental en la investigación criminal, al permitir colocar al sujeto investigado en el lugar del hecho delictivo, o en el lugar en el que se encuentra la víctima[45]. El análisis de los datos obrantes en los smartphones, o en las tablets, Ipads o en los ordenadores, tanto del sujeto investigado, como de la víctima y de terceros relacionados, suponen la aportación de un material imprescindible para el éxito de la investigación[46]. En la misma línea, la vigilancia policial de los dispositivos electrónicos permite conocer los movimientos y actuaciones de los sujetos a través de la actividad que despliegan en la red, lo que sin duda es una fuente importante de información para la policía[47]. Resulta también de gran relevancia tener en cuenta la información que los propios usuarios almacenan o trasladan a los servidores/granjas en la «nube», con todas las implicaciones que supone el conocimiento de la ubicación geográfica de estos servidores.

Además, esta nueva configuración del proceso penal en el contexto del uso de los sistemas de IA favorece también la participación en la investigación de empresas externas a los poderes públicos, como cooperadores necesarios para la utilización de estos sistemas. Dicha entrada de operadores privados ya está prevista parcialmente por la Ley procesal penal que, en su artículo 588 ter e), los califica como colaboradores, si bien sus facultades, supervisión de actuaciones y responsabilidad no se regulan expresamente[48].

---

45 Sobre la incidencia de la geolocalización en el derecho a la intimidad v. STS núm. 141/2020, de 13 de mayo.

46 ORTIZ PRADILLO, J. C., «Big Data, vigilancias policiales y ...», *op. cit.*, p. 2.

47 BARONA VILAR, S., *Algoritmización del Derecho y de la justicia...*, *op. cit.*, p. 517.

48 GASCÓN INCHAUSTI, F., «Desafíos para el proceso penal en la era...», *op. cit.*, p. 195.

Pero el abanico de colaboración va mucho más allá que el desarrollado por las empresas de telecomunicaciones. Como es sabido, las empresas privadas almacenan una gran cantidad de datos de los usuarios con el fin de analizar sus gustos personales y elaborar un perfil comercial del sujeto cara a potenciar sus líneas de negocio. El análisis y procesamiento de esta información, que además se almacena en las bases de datos, puede permitir que las autoridades públicas reclamen su entrega con fines de investigación criminal[49].

En este sentido, la Ley 25/2007, de 18 de octubre, de conservación de datos relativos a las comunicaciones electrónicas y a las redes públicas de comunicaciones, establece en su artículo 1, la obligación de los operadores de «(...) *conservar los datos generados o tratados en el marco de la prestación de servicios de comunicaciones electrónicas o de redes públicas de comunicación, así como el deber de cesión de dichos datos a los agentes facultados siempre que les sean requeridos a través de la correspondiente autorización judicial con fines de detección, investigación y enjuiciamiento de delitos graves contemplados en el Código Penal o en las leyes penales especiales».*

En este contexto, ha de hacerse referencia a la Directiva (UE) 2016/680 del Parlamento Europeo y del Consejo, de 27 de abril de 2016, relativa a la protección de las personas físicas en lo que respecta al tratamiento de datos personales por parte de las autoridades competentes para fines de prevención, investigación, detección o enjuiciamiento de infracciones penales o de ejecución de sanciones penales, y a la libre circulación de dichos datos, que, en los artículos 41 y siguientes, regula un sistema de control sobre el tratamiento de los datos, encargado a las denominadas autoridades independientes de control, con una completa regulación de su composición y obligaciones. Así, es necesario determinar con exactitud cuáles son las funciones de estas autoridades de control en su labor de supervisión, y si el ejercicio de dicho control puede

---

49   Ortiz Pradillo, J. C., «Big Data, vigilancias policiales y ..., *op. cit.*, p. 4.

extenderse al tratamiento y procesamiento de datos por parte de los sistemas de IA aplicados a las actuaciones relacionadas con la investigación y enjuiciamiento penal[50].

En la misma línea, relativa al control sobre el tratamiento de datos proporcionados por los sistemas de IA, la Propuesta de Reglamento sobre IA de 2021 recoge una clasificación que los cataloga en cuatro niveles de riesgo, imponiendo más o menos obligaciones de supervisión y control dependiendo del nivel en el que se encuadren[51]. Se regula también la cooperación de los responsables con las autoridades competentes siempre que se recabe, incluso el acceso a los registros generados por los sistemas (artículo 23), estableciéndose además una serie de controles y obligaciones de los distribuidores y responsables, con la finalidad de garantizar en la medida de lo posible la trans-

---

50   Sobre esta cuestión ver más ampliamente COLOMER HERNÁNDEZ, I., «Control y límites en el uso de la información y los datos personales por parte de la inteligencia artificial en los procesos penales», en *Justicia algorítmica y Neuroderecho..., op. cit.*, p. 295, que analiza ampliamente las facultades de control de las autoridades independientes y el alcance de sus funciones.

51   *Vid.* para un resumen de esta clasificación MORGADO MARTI, C./ESTEBAN RUIZ, A., «Propuesta de Reglamento de la UE sobre Inteligencia artificial», en Blog de propiedad intelectual y tecnologías, 3 de junio de 2021, *Cuatrecasas*. Propuesta de reglamento de la UE sobre inteligencia artificial (cuatrecasas.com).
De acuerdo con la clasificación efectuada se regulan cuatro niveles:
Sistemas de IA prohibidos. Se recoge una serie de sistemas de IA, listados de forma tasada y periódicamente revisados, cuyo uso estaría prohibido por implicar un riesgo inadmisible para la seguridad, la vida y los derechos fundamentales.
Sistemas de IA de alto riesgo. Se listan otros sistemas de IA, que si bien no están prohibidos, suponen un «alto riesgo» para los derechos y libertades de los individuos y, por consiguiente, deben estar sujetos a ciertas obligaciones reforzadas que garanticen su uso legal, ético
Sistemas de IA de riesgo medio/bajo. Sistemas que no suponen un alto riesgo para los derechos y libertades. Incluyen determinadas tecnologías de menor sofisticación o capacidad de intrusión tales como asistentes virtuales como chatbots.
Resto de sistemas de IA. Estos últimos, en principio, no estarían sujetos a ninguna obligación en particular, pudiendo los agentes de la cadena elegir si desean adherirse a sistemas voluntarios de cumplimiento. Por consiguiente, estos sistemas quedarían, en principio, fuera del ámbito de aplicación del reglamento.

parencia del sistema. y el traslado de la información sobre su funcionamiento y supervisión.

Dentro de esta clasificación, y en la categoría de alto riesgo, se incluyen todos aquellos sistemas relacionados con la aplicación de la ley[52].

Hechas estas consideraciones iniciales, y poniendo el foco de atención en la aplicación de los sistemas de IA en la investigación penal, no cabe duda, y en ello coincide la doctrina[53], que su introducción puede suponer un

---

52 Anexo III de la Propuesta de Reglamento del Parlamento y del Consejo sobre IA de 2021. Asuntos relacionados con la aplicación de la ley:
a) sistemas de IA destinados a utilizarse por parte de las autoridades encargadas de la aplicación de la ley para llevar a cabo evaluaciones de riesgos individuales de personas físicas con el objetivo de determinar el riesgo de que cometan infracciones penales o reincidan en su comisión, así como el riesgo para las potenciales víctimas de delitos;
b) sistemas de IA destinados a utilizarse por parte de las autoridades encargadas de la aplicación de la ley como polígrafos y herramientas similares, o para detectar el estado emocional de una persona física;
c) sistemas de IA destinados a utilizarse por parte de las autoridades encargadas de la aplicación de la ley para detectar ultrafalsificaciones a las que hace referencia el artículo 52, apartado 3;
d) sistemas de IA destinados a utilizarse por parte de las autoridades encargadas de la aplicación de la ley para la evaluación de la fiabilidad de las pruebas durante la investigación o el enjuiciamiento de infracciones penales;
e) sistemas de IA destinados a utilizarse por parte de las autoridades encargadas de la aplicación de la ley para predecir la frecuencia o reiteración de una infracción penal real o potencial con base en la elaboración de perfiles de personas físicas, de conformidad con lo dispuesto en el artículo 3, apartado 4, de la Directiva (UE) 2016/680, o en la evaluación de rasgos y características de la personalidad o conductas delictivas pasadas de personas físicas o grupos;
f) sistemas de IA destinados a utilizarse por parte de las autoridades encargadas de la aplicación de la ley para la elaboración de perfiles de personas físicas, de conformidad con lo dispuesto en el artículo 3, apartado 4, de la Directiva (UE) 2016/680, durante la detección, la investigación o el enjuiciamiento de infracciones penales;
g) sistemas de IA destinados a utilizarse para llevar a cabo análisis sobre infracciones penales en relación con personas físicas que permitan a las autoridades encargadas de la aplicación de la ley examinar grandes conjuntos de datos complejos vinculados y no vinculados, disponibles en diferentes fuentes o formatos, para detectar modelos desconocidos o descubrir relaciones ocultas en los datos.

53 *Vid.* Martín Diz, F, «Herramientas de inteligencia artificial y adecuación en el ámbito del proceso judicial», en *Derecho procesal. Retos y transformaciones* (dirigido por Bujosa Vadell), Editorial Atelier, Bar-

serio peligro para los derechos fundamentales que protegen la vida privada, y aquellos que rigen el proceso penal. El derecho a la protección de la vida privada integrado por el derecho al honor, la propia imagen, la intimidad, el secreto de las comunicaciones y, especialmente en lo que se refiere al uso de sistemas *«inteligentes»*, el derecho al entorno digital[54], se verán desde luego afectados por la implantación de los sistemas de IA en la investigación[55]. Además, el derecho a la tutela judicial efectiva, el derecho de defensa, el derecho a la igualdad de armas, el derecho

---

celona, 2021, pág. 297; ORTIZ PRADILLO, J. C., «Big Data, vigilancias policiales y geolocalización: nuevas dimensiones de los derechos fundamentales en el proceso penal», La ley digital, de 25 de enero de 2022; GUZMÁN FLUJA, V., «Automated justice. La preocupante tendencia hacia la justicia penal automatizada», en *Derecho procesal. Retos y transformaciones*, *op. cit.,* p. 367.

54   Si bien en un primer momento podría considerarse que la utilización de la información obtenida de los ordenadores y tablets en general, podía encuadrarse en una intromisión en el derecho a la intimidad, y que, por tanto, no requería una autorización judicial expresa, la evolución de la tecnología y la intromisión en la vida privada por los denominados sistemas *«inteligentes»*, ha provocado que la jurisprudencia reconozca que el entorno digital de los ciudadanos merece una protección específica, al considerar que la actuación de los poderes públicos puede representar una grave intromisión en la vida privada. Sobre esta cuestión v. más ampliamente ORTIZ PRADILLO, J. C., «Big Data, vigilancias policiales y geolocalización…, *op. cit.*, p. 7.

55   *Vid*. sobre esta cuestión la STS 342/2013, 17 de abril, en la que el alto tribunal considera que «(…) *La ponderación judicial de las razones que justifican, en el marco de una investigación penal, el sacrificio de los derechos de los que es titular el usuario del ordenador, ha de hacerse sin perder de vista la multifuncionalidad de los datos que se almacenan en aquel dispositivo. Incluso su tratamiento jurídico puede llegar a ser más adecuado si los mensajes, las imágenes, los documentos y, en general, todos los datos reveladores del perfil personal, reservado o íntimo de cualquier encausado, se contemplan de forma unitaria. Y es que, más allá del tratamiento constitucional fragmentado de todos y cada uno de los derechos que convergen en el momento del sacrificio, existe un derecho al propio entorno virtual. En él se integraría, sin perder su genuina sustantividad como manifestación de derechos constitucionales de nomen iuris propio, toda la información en formato electrónico que, a través del uso de las nuevas tecnologías, ya sea de forma consciente o inconsciente, con voluntariedad o sin ella, va generando el usuario, hasta el punto de dejar un rastro susceptible de seguimiento por los poderes públicos. Surge entonces la necesidad de dispensar una protección jurisdiccional frente a la necesidad del Estado de invadir, en las tareas de investigación y castigo de los delitos, ese entorno digital*». *Vid*. también la STC 173/2011, 7 de noviembre.

a la presunción de inocencia y a un juicio justo, como principios informadores del proceso y de la tutela jurisdiccional, exigen que la aplicación de los sistemas de IA se lleve a cabo bajo la observancia de un procedimiento en el que se regulen los presupuestos, requisitos y garantías que avalen el derecho al debido proceso[56]. Todo ello teniendo en consideración que su implementación fuera de los cauces descritos pondrá también en peligro la imparcialidad judicial y las reglas de valoración de la prueba, además de convertir la actuación irregular en una acumulación de material ineficaz a los fines que persigue, dando lugar a una causa de exclusión probatoria conforme a las reglas de la prueba ilícita recogida en el artículo 11 LOPJ[57].

En definitiva, su utilización indiscriminada puede poner en jaque los principios sobre los que se sustenta el proceso penal que conocemos hasta ahora. Es necesario por tanto delimitar el ámbito de aplicación de estos instrumentos, arbitrar el procedimiento para su utilización, los requisitos para que puedan ser ejecutados en la fase de instrucción, la responsabilidad de los sujetos que intervienen en su programación, y de aquellos que supervisan su aplicación en el sistema de justicia[58]. Aunque la tendencia natural sea la de considerar estos instrumentos como sistemas *«inteligentes»*, tendencia marcada ya por la propia denominación de inteligencia artificial, no puede perderse de vista que su diseño y programación son consecuencia de actuaciones humanas, que los implementan y controlan (o eso cabe esperar, por lo menos para su aplicación

---

56 GUZMÁN FLUJA, V., «Automated justice. La preocupante tendencia...», *op. cit.*, p. 357.

57 COLOMER HERNÁNDEZ, I., «Control y límites en el uso de la información y los datos personales..., *op. cit.*, p. 305.

58 *Vid.* sobre ESPARZA LEIBA, I., «La Inteligencia Artificial y el derecho fundamental a la protección de datos de carácter personal. La aplicación integral de la inteligencia artificial: una oportunidad para dar un salto cualitativo en la correcta actuación de los poderes públicos, en general, y en el campo de la justicia, en particular», en *Justicia algorítmica y Neuroderecho...*, *op. cit.*, p. 280.

en el proceso), y que por tal motivo deberán estar sujetos a normas que regulen su funcionamiento y efectos[59].

Para la propuesta de Reglamento de IA del Parlamento europeo, el sistema de IA es *«el software que se desarrolla empleando una o varias de las técnicas y estrategias que figuran en el anexo I y que puede, para un conjunto determinado de objetivos definidos por seres humanos, generar información de salida como contenidos, predicciones, recomendaciones o decisiones que influyan en los entornos con los que interactúa»*. Como se puede comprobar dicha propuesta ya incide en la intervención humana en los objetivos del sistema[60].

En este sentido, el diseño de este tipo de sistemas de inteligencia artificial debe prever también, que para su aplicación en el sistema de justicia va a resultar imprescindible que se garantice el respeto al principio de contradicción y al derecho de defensa, por lo que la transparencia y el acceso a su estructura, a los datos introducidos, y a su tratamiento por la aplicación, va a resultar determinante para su admisión como instrumento útil al proceso[61]. Además, también cabe que se fijen ámbitos de responsabilidad de los sujetos responsables de los sistemas, a efectos de determinar las actuaciones encaminadas a la reparación de los perjuicios causados por su funcionamiento incorrecto, o por su inapropiada utilización, fundamentalmente en aquellos casos en que se han vulnerado, o se ha incidido en derechos fundamentales.

---

59   *Vid.* Pérez Estrada, M. J., *Fundamentos jurídicos...*, *op. cit.*, pp. 102 y ss.; San Miguel del Caso, C., «La aplicación de la Inteligencia Artificial en el proceso: ¿un nuevo reto para las garantías procesales?», *Ius et Scientia*, volumen 7, número 1, 2021, https://editorial.us.es/es/revistas/ius-et-scientia, p. 294.

60   San Miguel Caso, C., «La aplicación de la Inteligencia Artificial en el proceso...», *op. cit.*, p. 294.

61   Martín Diz, F., «Inteligencia artificial y proceso: garantías frente a eficiencia en el entorno de los derechos procesales fundamentales», en *Justicia: ¿Garantías versus Eficiencia?*, (coordinado por Llopis Nadal/ Bellido Penadés/Jiménez Conde/De Luis García), http://www.tirantonline.com, 21 de enero 2020, p. 3.

Por ello, cabe ya establecer algunas de las premisas de las que se ha partir a la hora de valorar la introducción de instrumentos de inteligencia artificial en el sistema de justicia penal[62]. Teniendo en cuenta las consideraciones anteriores sobre la regulación de mecanismos de control y de responsabilidad[63], puede concluirse que su utilización en actuaciones relacionadas con los órganos judiciales ha de estar supervisada por los agentes responsables y por las autoridades designadas para su inspección[64]. Así lo regula la Ley Orgánica 7/2021, de 26 de mayo, de protección de datos personales tratados para fines de prevención, detección, investigación y enjuiciamiento de infracciones penales y de ejecución de sanciones penales, que, en sus artículos 27 y siguientes, recoge el régimen de obligaciones y responsabilidad de las personas encargadas del tratamiento de los datos, regulando un registro de actividades y de operaciones, y un sistema de evaluación del impacto en la protección de datos, estableciendo en el artículo 31, que *«cuando sea probable que un tipo de tratamiento, en particular si utiliza nuevas tecnologías, suponga por su naturaleza, alcance, contexto o fines, un alto riesgo para los derechos y libertades de las personas físicas, el responsable del tratamiento realizará, con carácter previo, una evaluación del impacto de las operaciones de tratamiento previstas en la protección de datos personales»*[65].

---

62 Martín Diz, F., «Inteligencia artificial y proceso...», *op. cit.,* p. 3.

63 Martín Diz, F., «Herramientas de inteligencia artificial y adecuación en el ámbito del proceso judicial», en *Derecho procesal. Retos y Transformaciones...*, *op. cit.*, p. 299.

64 Esparza Leiba, I., «La Inteligencia Artificial y el derecho fundamental a la protección de datos de carácter personal...», en *Justicia algorítmica y Neuroderecho...*, *op. cit.*, p. 266.

65 La citada Ley orgánica supone la transposición de la Directiva (UE) 2016/680 del Parlamento Europeo y del Consejo, de 27 de abril de 2016, relativa a la protección de las personas físicas en lo que respecta al tratamiento de datos personales por parte de las autoridades competentes para fines de prevención, investigación, detección o enjuiciamiento de infracciones penales o de ejecución de sanciones penales, y a la libre circulación de dichos datos y por la que se deroga la Decisión Marco 2008/977/JAI del Consejo.

Resulta también imprescindible que el proceso de programación y ejecución se lleve a cabo con total respecto a los derechos de igualdad, presunción de inocencia y privacidad, sin que quepa ninguna duda sobre la introducción de perfiles con sesgo, marginación, o exclusión de determinados colectivos[66]. La identificación de los responsables de su programación, y una selección supervisada de los datos que se proporcionan al sistema, representan una garantía del cumplimiento de los principios relativos al proceso debido, y el aval de un resultado regido por los principios y derechos constitucionales que presiden el proceso penal.

Por tanto, no cabe que los datos proporcionados a los sistemas de IA se elijan exclusivamente por informáticos y analistas de sistemas partiendo de patrones matemáticos, sin intervención de otros profesionales con conocimientos especializados en materias propias del Derecho, la Criminología, la Sociología o la Psicología[67]. Resultaría más adecuado que la citada elección la realizarán equipos multidisciplinares integrados no sólo por matemáticos e informáticos, sino también por juristas, criminólogos, sociólogos y psicólogos que aportarían pautas más acordes con la aplicación de estos sistemas en el proceso[68].

Todas estas reflexiones permiten ya considerar que los sistemas de IA no pueden ser tratados ni considerados como *«gurús»* que no admiten ningún tipo de contradicción por estar basados en cálculos matemáticos y estadísticos[69]. La intervención humana y la protección de los

---

66   BARONA VILAR, S., «Cuarta revolución industrial (4.0.) o ciberindustria en el proceso penal: revolución digital, inteligencia artificial y el camino hacia la robotización de la justicia» en *Revista Jurídica Digital UANDES,* número 3, 2019, p 11; MARTÍN DIZ, F., «Herramientas de inteligencia artificial..., *op. cit.,* p. 301.DES 3/1 (2019), 1-2

67   MARTÍN DIZ, F., «Modelos de aplicación de Inteligencia Artificial en justicia: asistencial o predictiva versus decisoria», en *Justicia algorítmica y Neuroderecho..., op. cit.,* p. 70.

68   MIRÓ LLINARES, F., «Inteligencia artificial y justicia penal..., *op. cit.,* p. 127.

69   GUZMÁN FLUJA, V., «Automated justice. La preocupante tendencia hacia la justicia penal automatizada», en *Derecho procesal. Retos y transformaciones, op. cit.,* p. 369.

derechos fundamentales y del derecho a un proceso con todas las garantías, exige una regulación completa que avale la transparencia del proceso sobre el que gira el sistema *«inteligente»*, y sobre la introducción de los datos resultantes en el proceso penal, con total respeto del derecho a la tutela judicial efectiva y al derecho de defensa[70].

Sin embargo, aun en este caso, esto es, pese a controlar y vigilar la entrada de datos con total transparencia y con ausencia de sesgos que condicionen el resultado (tarea ya de por sí complicada), la existencia de sistemas de *machine learning*, que llevan a cabo un aprendizaje autónomo imposible de controlar, provoca que la utilización de la inteligencia artificial en el proceso penal resulte un proceso complejo que habrá que estudiar con detenimiento y aplicar con mucha precaución. Aun fuera de estos casos de sistemas de aprendizaje autónomo, resulta evidente que se puede vigilar los datos que se introducen en el sistema, pero no se puede, en muchos casos, averiguar ni explicar por qué el sistema llega a los resultados que se obtienen. Estas condiciones de aplicación van a incidir de forma determinante en la defensa del acusado y en la valoración de la prueba por el juez.

3. Inteligencia artificial y derechos fundamentales de contenido procesal

3.1. Derecho a la tutela judicial efectiva e inteligencia artificial

Dejando a un lado las ventajas de la aplicación de los instrumentos tecnológicos en el campo procedimental, que sin duda va a reportar una tramitación más ágil y eficaz, reduciendo tiempo y trabajo, lo que desde luego ha de valorarse de forma muy positiva; los mayores inconvenientes en la aplicación de estos instrumentos se encuentran

---

70   BARONA VILAR, S. *Algoritmización del Derecho y de la justicia...*, op. cit, p. 658.

vinculados al ejercicio de los derechos fundamentales de contenido procesal, y a las garantías del proceso debido.

En una primera aproximación, el derecho a la tutela judicial efectiva, consagrado como derecho fundamental en el primer apartado del artículo 24 CE, integra en su contenido esencial el derecho de acceso a los tribunales, el derecho a la obtención de una sentencia de fondo jurídicamente fundada y el derecho a la ejecución de la sentencia. En relación con el acceso a la justicia, los sistemas de IA no pueden privar al ciudadano del acceso a los órganos jurisdiccionales. En este sentido la Carta ética europea sobre el uso de la inteligencia artificial en los sistemas judiciales y su entorno, adoptada por la Comisión Europea para la Eficiencia de la Justicia (CEPEJ), en diciembre de 2018, ya señalaba que *«cuando se utilizan herramientas de inteligencia artificial para resolver una disputa o como una herramienta para ayudar en la toma de decisiones judiciales o para brindar orientación al público, es esencial asegurarse de que no socaven las garantías del derecho de acceso al juez y el derecho a un juicio justo».*

Ello implica que los sistemas predictivos relacionados con el éxito en la contienda no pueden suponer en ningún caso un obstáculo, o incluso una prohibición para que el ciudadano pueda recabar el pronunciamiento de los tribunales[71]. La tutela judicial efectiva, tal y como hoy la entendemos, no permite que la actividad jurisdiccional pueda ser sustituida por la actividad desarrollada por los denominados «jueces» robots. No es posible dejar de hacer un comentario sobre esta denominación, porque implica por sí misma una ofensa a la labor desarrollada por los jueces y magistrados, que va mucho más allá del análisis de los datos obrantes en un proceso.

En este sentido, la labor jurisdiccional no se limita al conocimiento de las normas jurídicas y de la jurisprudencia. Como es obvio, la norma exige su interpretación que,

---

71 MARTÍN DIZ, F., «Modelos de aplicación de Inteligencia Artificial en justicia: asistencial o predictiva versus decisoria», en *Justicia algorítmica y Neuroderecho…, op. cit.,* p. 75.

partiendo del artículo 3 CC, deberá atender al *«sentido propio de sus palabras, en relación con el contexto, los antecedentes históricos y legislativos y la realidad social del tiempo en que han de ser aplicadas, atendiendo fundamentalmente al espíritu y finalidad de aquellas».* Parece complicado que un sistema de IA pueda llevar a cabo una interpretación legal en el sentido descrito, y mucho más cuando la realidad social es cambiante y sus variaciones su producen cada vez en un espacio más corto de tiempo. Pero, además de la interpretación de la norma, el juez ha de valorar la realidad de los hechos aportados en el proceso, y en esa labor del convencimiento judicial que persigue la actividad probatoria, tienen una influencia no poco considerable las emociones, percepciones, intuiciones y lo que se conoce como sensibilidades subjetivas, lo que, en definitiva, está lejos de integrarse en un sistema de expertos de IA[72].

Además, tampoco pretenderse, que la decisión adoptada por un sistema de inteligencia artificial resulte desprovista de subjetivismo o de valoraciones individuales o ideológicas[73]. Una vez más ha de precisarse que su programación parte de los datos proporcionados, que se nutren de hechos y situaciones del pasado. La información con la que se dota al algoritmo es consecuencia de datos derivados de decisiones humanas anteriores, que, como tales, están cargadas de valoraciones subjetivas, sesgos ideológicos y factores procedentes de una valoración humana anterior. Como ya se ha apuntado con anterioridad, los hechos y situaciones pasadas, al igual que la interpretación normativa de épocas anteriores, no pueden condicionar la evolución normativa, y la interpretación de las leyes conforme a la sociedad en que la que se están aplicando[74].

---

72 BARONA VILAR, S., «Una justicia "digital" y "algorítmica" para una sociedad en estado de mudanza» en *Justicia algorítmica...*, *op. cit.*, p. 47. *Vid.* también GÓMEZ COLOMER, J. L., «Unas reflexiones sobre el llamado «juez-robot»..., *op. cit.*, p. 253.

73 MIRÓ LLINARES, F., «Inteligencia artificial y justicia penal..., *op. cit.*, p. 121.

74 BORGES BLAZQUEZ, R., «La inteligencia artificial en el proceso penal y el ¿regreso? de Lombroso» en *Justicia algorítmica...*, *op. cit.*, p. 180.

También la motivación de la decisión forma parte del contenido esencial del derecho a la tutela judicial efectiva[75]. En el caso de la utilización de sistemas de expertos, el juez podrá motivar en su resolución la influencia que ha tenido dicho sistema en la toma de la decisión, tanto si ha seguido su indicación como si se ha apartado de ella[76]. Sin embargo, no puede concluirse lo mismo si lo que se pretende es que el sistema de experto dicte la resolución. En este caso, la motivación corresponderá siempre al ser humano, porque la IA no puede actualmente incorporar todas aquellas percepciones y premisas que exige la motivación y la argumentación jurídica. En la motivación de las resoluciones judiciales se integran elementos de valoración probatoria y de la percepción del juez en la práctica de la prueba, para eso se ha regulado la exigencia de la inmediación[77].

3.2. Derecho de defensa e inteligencia artificial

El derecho de defensa se configura como uno de los derechos fundamentales más relevantes, sin cuya observancia no se puede garantizar una justicia propia de un Estado de Derecho[78]. Su respeto y valor fundamental constituye una de las premisas sobre las que se asienta nuestro proceso penal, que se erige en el instrumento necesario para la aplicación del Derecho penal y el ejercicio del *ius puniendi* del Estado. Sirve para garantizar la

---

75   Sobre la argumentación jurídica y la motivación *vid.* BARONA VILAR, S., «Argumentación jurídica, prueba, judicial decisión y robotización judicial: hacia la smart justice», en *Algoritmización de la justicia...*, *op. cit.,* pp. 543 y ss.

76   MARTÍN DIZ, F., «Modelos de aplicación de Inteligencia Artificial..., *op. cit.,* p. 78.

77   GÓMEZ COLOMER, J. L., «Unas reflexiones sobre el llamado "juez-robot..., *op. cit.,* p. 257.

78   Sobre el origen de la defensa y su evolución *vid.* GONZÁLEZ-CUELLAR SERRANO, N., «El derecho de defensa y la marca de Caín», en *Nuevos debates en torno a la justicia española* (dirigido por *Castillejo Manzanares*), Editorial Tirant lo Blanch, Valencia, 2017, pp. 289 y ss.

seguridad pública, pero también ha de preservar o garantizar los derechos de la persona investigada.

El ordenamiento jurídico ha rodeado al «imputado» de un conjunto de garantías que configuran un *status* procesal ya asentado en la cultura jurídica occidental, que nuestra Constitución consagra en su art. 24[79]. La mera imputación le confiere una pluralidad de derechos instrumentales de carácter constitucional que se engarzan en el contenido del derecho de defensa y que deben ser escrupulosamente respetados[80].

Este conjunto de garantías o derechos que conforman el derecho de defensa se encuentran estrechamente vinculados al principio de contradicción que impera en el proceso penal, que precisa de un justo equilibrio entre las partes, y por tanto del respeto al principio de igualdad de armas[81].

Partiendo de estas consideraciones, en un proceso penal en el que se utilicen sistemas de inteligencia artificial, el derecho de defensa puede verse gravemente afectado, y ello puede comprobarse fácilmente con la simple referencia a las siguientes cuestiones. Estos sistemas de IA van a suponer un alto coste para los despachos de abogados que quieran disponer de ellos, porque desde luego no se trata de sistemas de fácil acceso para la gran mayoría de

---

79 *Vid*. SSTC 205/1989, de 11 de diciembre, 161/1994, de 23 de mayo, y 277/1994, de 17 de octubre, entre otras.

80 Moreno Catena, V., «La garantía de los derechos fundamentales durante la investigación penal», *Cuadernos penales* José María Lidón, número 7, 2010, pp. 18-19.

81 *Vid*. en este sentido Gimeno Sendra, V., *El derecho de defensa*, en «Constitución y proceso», Editorial Tecnos, Madrid, 1988, p. 88. En este sentido considera el Tribunal Supremo que «(...) *el derecho a un proceso público con todas las garantías, de acuerdo con los arts. 11 de la Declaración Universal de Derechos Humanos, 14 del Pacto Internacional de Nueva York de 1966 y 6 del Convenio de Roma de 1950, implica que para evitar el desequilibrio entre las partes, ambas dispongan de las mismas posibilidades en cuanto a alegaciones, pruebas e impugnaciones, lo que cobra singular relevancia en el juicio oral y en lo que es propiamente dicho la actividad probatoria, derecho que se conecta con las garantías en general contenidas en el art. 24 constitucional*». *Vid*. SSTC de 15 abril 1996 y 1686/1997, de 10 septiembre.

los despachos. Este simple hecho va a provocar que algunos sujetos puedan acceder a estos sistemas de apoyo a la estrategia procesal de defensa, mientras que otros, con menos recursos económicos, no se pueden beneficiar de su aplicación, lo que indirectamente va a provocar que la posición de partida de las partes en el proceso resulte ya muy desigual[82].

Una segunda cuestión de interés es la aplicación de los sistemas predictivos para elaborar una estrategia de defensa, e incluso para que dicha defensa se asuma por un abogado o despacho concretos. En este sentido, el acceso a este tipo de instrumentos y al análisis que se extraiga del sistema, puede influir de forma definitiva sobre la viabilidad del caso y la decisión de aceptar la defensa. La complejidad del caso, y desde luego la predicción de un mal resultado puede llevar al profesional a rechazar la defensa, colocando al sujeto investigado en una difícil situación, afectando al derecho a la defensa, pero también a la igualdad de armas y al derecho a la tutela judicial efectiva[83].

De todos es conocida la utilización del sistema COMPAS (*Correctional Offender Management Profiling for Alternative Sanctions*), que se basa en un algoritmo diseñado por una empresa privada norteamericana para medir el riesgo de reincidencia de los acusados. Su evaluación parte de una serie de variables, o factores de riesgo que se introducen en el sistema, centrándose la labor del algoritmo en determinar el grado de probabilidad de reincidencia en función del peso de cada variable. Las variables introducidas en el sistema se basan en el origen, raza, entorno familiar y social, historial delictivo, adicción a sustancias estupefacientes y al alcohol, situación laboral y económica, y, en definitiva, toda una serie de factores introducidos sin control oficial alguno y que, sin embargo, pueden

---

82   MARTÍN DIZ, F., «Inteligencia artificial y proceso..., *op. cit.*, p. 5; SAN MIGUEL CASO, C., «La aplicación de la Inteligencia Artificial..., *op. cit*, p. 292

83   SAN MIGUEL CASO, C., «La aplicación de la Inteligencia Artificial..., *op. cit,* p. 292.

influir decisivamente en una resolución judicial sobre la prisión provisional u otras medidas cautelares[84].

No cabe duda de que la utilización de este tipo de sistema en el proceso penal incide en el derecho de defensa. La introducción de los factores de riesgo se realiza sin contradicción, por parte de sujetos que tampoco están vinculados a ningún control oficial. Su dependencia profesional de una empresa privada y su obligación hacia el secreto empresarial impide en principio conocer su estructura y funcionamiento, por lo que hace imposible impugnar su fiabilidad[85]. Este problema puede solucionarse condicionando legalmente su aplicación en el proceso a que se facilite el acceso a la información y al funcionamiento del sistema, aunque, como ya se ha apuntado, en algunas ocasiones el cruce de datos del sistema escapa incluso al entendimiento de su programador, lo que representa un serio problema[86].

En el mismo orden de consideraciones, tampoco se puede obviar la entrada en el proceso penal de informes policiales basados en técnicas de IA, que adquieren la categoría de prueba pericial especial o *sui géneris*[87], al estar basada en conocimientos técnicos y especializados, pero cuya introducción en el proceso penal conlleva un grave problema para los derechos de defensa y la contradicción. No puede mantenerse que tales informes estén exentos del debate contradictorio, pero al realizarse por técnicos de alto nivel con instrumentos complejos y en condiciones específicas, va a resultar muy complicado elaborar un contrainforme, e incluso rebatir el aportado[88].

---

84   *Vid*. Borges Blazquez, R., «El sesgo de la máquina en la toma de decisiones en el proceso penal», Ius *Et Scientia,* volumen 6, número 2, 2020, pp. 61 y ss.; Gascón Inchausti, F., «Desafíos para el proceso penal...», *op. cit.,* p. 202; Miró Llinares, F., «Inteligencia artificial y justicia penal...», *op. cit.,* pp. 108 y ss.

85   Gascón Inchausti, F., «Desafíos para el proceso penal...,», *op. cit.,* p. 203.

86   Pérez Estrada, M. J., *Fundamentos jurídicos..., op. cit.,* p. 139.

87   *Vid*. STS 783/2007, de 1 de octubre; *Vid*. también la STS 124/2009, de 13 de febrero; 290/2010, de 31 de marzo.

88   Guerrero Palomares, S., «La denominada "prueba de inteligencia policial" o "pericial de inteligencia"», *Revista Aranzadi de Derecho y Proceso Penal,* número 25, 2011, p. 13.

Además, en este campo, es preciso diferenciar los informes encargados en el marco de una investigación penal, que realizados por unidades policiales se incorporan al proceso y deben cumplir ya de partida con el marco de garantías del proceso penal, de aquellos otros que se han realizado por los servicios de inteligencia del Estado, al margen del proceso, y cuya incorporación se pretende con posterioridad. Habrá que analizar. en este caso, si el proceso de elaboración y de tratamiento de este tipo de informes puede ser contrastada en el proceso, o al elaborarse por estos servicios especiales, quedan al margen de su control. En este último caso, su incorporación al proceso ofrece serias dudas al incidir en el derecho a un proceso con todas las garantías y en el derecho de defensa[89].

3.3. Derecho a la presunción de inocencia e inteligencia artificial

La presunción de inocencia es, desde luego, un derecho fundamental clave en el proceso penal. Recogido en el artículo 24.2 CE, representa una de las principales garantías sobre la que gira el enjuiciamiento penal, erigiéndose en uno de los pilares sobre los que se apoya el derecho al proceso debido. La puesta en peligro del derecho a la presunción de inocencia implica el desconocimiento de los principios esenciales del proceso penal.

Los sistemas de inteligencia artificial, que parten de los datos proporcionados previamente, podrán afectar a la presunción de inocencia cuando dichos datos se hayan introducido en función de estudios sesgados, o de patrones pasados discriminatorios, atendiendo a factores relacionados con el origen, la raza, la realidad socioeconómica anterior, etcétera[90], que van a incidir notablemente

---

89 BARONA VILAR, S., *Algoritmización del Derecho y de la justicia, op. cit.*, p. 509.

90 SOLAR CAYÓN, J. I., «Inteligencia artificial en la justicia penal... *op. cit.,* p. 169.

en el juzgador poniendo en peligro su imparcialidad y la presunción de inocencia del acusado[91].

Se trata de datos que pertenecen al origen y al pasado del sujeto, que, sin embargo, pueden resultar determinantes para decidir sobre su futuro. Se está aceptando, que el origen, circunstancias familiares y personales, entorno familiar y otros datos sobre la personalidad del investigado pueden condicionar en gran medida la decisión judicial. Con ello, la aplicación de la ley al caso concreto puede encontrarse condicionado por la evaluación anterior del sujeto investigado, lo que desde luego va a incidir en la interpretación de la norma y en una justicia de autor, que tendrá en cuenta no sólo las circunstancias actuales del acusado, sino también sus pasado personal, familiar y social[92].

3.4. Independencia e imparcialidad e inteligencia artificial

No es posible, debido a la extensión permitida para esta publicación, abordar un examen detenido sobre la influencia de los sistemas de inteligencia artificial en la imparcialidad en el enjuiciamiento, que guarda una vinculación indudable con la independencia judicial, principio que informa la labor jurisdiccional y que se garantiza con la sumisión del juez a la ley. La independencia como principio informador de la actividad jurisdiccional, parte de la aplicación de la ley al margen de la intervención de órganos políticos o legislativos, e incluso al margen de la intervención de órganos jurisdiccionales de categoría superior ¿Podría esta independencia garantizarse en un sistema de inteligencia artificial?

Pero, además, la decisión judicial se obtiene a partir del estudio del caso concreto, del material fáctico obrante en

---

91 MARTÍN DIZ, F., «Modelos de aplicación de Inteligencia Artificial en justicia...», *op. cit.*, p. 79.

92 Sobre esta cuestión puede consultarse ARMENTA DEU, T., *Derivas de la justicia. Tutela de los derechos y solución de controversias en tiempos de cambio*, Editorial Marcial Pons, Madrid 2021.

autos y de la actividad probatoria realizada. En función de las alegaciones de las partes y de la actividad desplegada en el proceso, el juez realiza un pronunciamiento jurisdiccional aplicando la ley. Es obvio, a pesar de lo que popularmente se dice, que no hay dos casos exactamente iguales. Los escritos de alegaciones de las partes, la aportación del material fáctico, la actividad investigadora desarrollada en la fase de instrucción, la introducción del material probatorio, y un largo etcétera, condicionan indudablemente el pronunciamiento judicial. A todos estos factores ha de atender el juzgador en su pronunciamiento jurisdiccional, aplicando la ley al caso concreto con todos los condicionantes que le rodean, dejando al margen, en la medida de lo posible, otro tipo de influencias personales o de carácter subjetivo. Para garantizar que esta actividad jurisdiccional no se encuentre condicionada por elementos subjetivos o externos a la labor jurisdiccional, se arbitran legalmente las conocidas causas de abstención y recusación. ¿Podrían arbitrarse mecanismos similares respecto de los sistemas de inteligencia artificial?[93].

En definitiva, la cuestión ha de centrarse en dar respuesta a si los principios de la independencia e imparcialidad quedarían garantizados en el caso de que los sistemas de inteligencia artificial se encargaran de funciones distintas a las de apoyar o complementar la labor de los órganos jurisdiccionales y de los operadores jurídicos en general.

4. Bibliografía

ALONSO SALGADO, C., «Acerca de la inteligencia artificial en el ámbito penal: especial referencia a la actividad de las fuerzas y cuerpos de seguridad», *Ius Et Scientia,* volumen 7, número 1, 2021.

ARMENTA DEU, T., *Derivas de la justicia. Tutela de los derechos y solución de controversias en tiempos de cambio*, Editorial Marcial Pons, Madrid 2021.

---

93   Sobre esta cuestión v ampliamente GÓMEZ COLOMER, J. L., «Unas reflexiones sobre el llamado «juez-robot..., *op. cit.*, pp. 250 y ss.

BARONA VILAR, S., «Cuarta revolución industrial (4.0.) o ciberindustria en el proceso penal: revolución digital, inteligencia artificial y el camino hacia la robotización de la justicia», *Revista Jurídica Digital UANDES,* número 3, 2019.

— *Algoritmización del Derecho y de la justicia. De la Inteligencia Artificial a la Smart Justice,* Tirant lo Blanch, Valencia, 2021.

— «Mutación de la justicia en el siglo XXI. Elementos para una mirada poliédrica de la tutela de la ciudadanía», en *Justicia poliédrica en periodo de mudanza (Nuevos conceptos, nuevos sujetos, nuevos instrumentos y nueva intensidad),* (editado por BARONA VILAR), Tirant lo Blanch, Valencia, 2022.

BORGES BLAZQUEZ, R., «El sesgo de la máquina en la toma de decisiones en el proceso penal», *Ius Et Scientia,* volumen 6, número 2, 2020.

COLOMER HERNÁNDEZ, I., «Control y límites en el uso de la información y los datos personales por parte de la inteligencia artificial en los procesos penales», en *Justicia algorítmica y Neuroderecho. Una mirada interdisciplinar* (dirigido por BARONA VILAR), Tirant lo Blanch, Valencia, 2021.

COLOMER HERNÁNDEZ/OUBIÑA BARBOLLA (directores) *La transmisión de datos personales en el seno de la cooperación judicial penal y policial en la Unión Europea»,* Aranzadi, Cizur Menor (Navarra), 2015.

ESPARZA LEIBA, I., «La Inteligencia Artificial y el derecho fundamental a la protección de datos de carácter personal. La aplicación integral de la inteligencia artificial: una oportunidad para dar un salto cualitativo en la correcta actuación de los poderes públicos, en general, y en el campo de la justicia, en particular», en *Justicia algorítmica y Neuroderecho. Una mirada interdisciplinar* (dirigido por Barona Vilar), Tirant lo Blanch, Valencia, 2021.

GASCÓN INCHAUSTI, F., «Desafíos para el proceso penal en la era digital: externalización, sumisión pericial e inteligencia artificial», en *La justicia digital en España y la Unión Europea,* (dirigido por CONDE FUENTES y SERRANO HOYO), Editorial Atelier, Barcelona, 2019.

GIMENO SENDRA, V., *El derecho de defensa*, en «Constitución y proceso», Editorial Tecnos, Madrid, 1988.

GUZMÁN FLUJA, V., «Arbitraje y soluciones técnicas inteligentes», en *Justicia algorítmica y Neuroderecho. Una mirada interdisciplinar* (dirigido por Barona Vilar), Tirant lo Blanch, Valencia, 2021.

— «Automated justice. La preocupante tendencia hacia la justicia penal automatizada», en *Derecho procesal. Retos y transformaciones* (dirigido por BUJOSA VADELL), Editorial Atelier, Barcelona, 2021.

GÓMEZ COLOMER, J. L., «Unas reflexiones sobre el llamado "juez-robot", al hilo del principio de la independencia judicial», en *Justicia algorítmica y Neuroderecho. Una mirada interdisciplinar* (dirigido por BARONA VILAR), Tirant lo Blanch, Valencia, 2021.

GUERRERO PALOMARES, S., «La denominada "prueba de inteligencia policial" o "pericial de inteligencia"», *Revista Aranzadi de Derecho y Proceso Penal,* número 25, 2011.

MARTÍN DIZ, F., «Inteligencia artificial y proceso: garantías frente a eficiencia en el entorno de los derechos procesales fundamentales», en *Justicia: ¿Garantías versus Eficiencia?,* (coordinado por LLOPIS NADAL/ BELLIDO PENADÉS/JIMÉNEZ CONDE/DE LUIS GARCÍA), http://www.tirantonline.com, 21 de enero 2020.

— «Herramientas de inteligencia artificial y adecuación en el ámbito del proceso judicial», en *Derecho procesal. Retos y transformaciones* (dirigido por BUJOSA VADELL), Editorial Atelier, Barcelona, 2021.

MIRÓ LLINARES, F., «Inteligencia artificial y justicia penal: más allá de los resultados lesivos causados por robots», *Revista de Derecho Penal y Criminología,* número 20, 2018.

MORENO CATENA, V., *La garantía de los derechos fundamentales durante la investigación penal,* en «Cuadernos penales José María Lidón», número 7, 2010.

MORGADO MARTI, C./ESTEBAN RUIZ, A., «Propuesta de Reglamento de la UE sobre Inteligencia artificial», en Blog de propiedad intelectual y tecnologías. 3 de junio de 2021, Cuatrecasas. Propuesta de reglamento de la UE sobre inteligencia artificial (cuatrecasas. com).

ORTIZ PRADILLO, J. C., «Big Data, vigilancias policiales y geolocalización: nuevas dimensiones de los derechos fundamentales en el proceso penal», *La ley digital,* de 25 de enero de 2022.

PÉREZ ESTRADA, M. J., *Fundamentos jurídicos para el uso de la inteligencia artificial en los órganos judiciales,* Tirant lo Blanch, Valencia, 2022.

SAN MIGUEL DEL CASO, C., «La aplicación de la Inteligencia Artificial en el proceso: ¿un nuevo reto para las garantías procesales?», *Ius et Scientia,* volumen 7, número 1, 2021.

SOLAR CAYÓN, J. I., «Inteligencia artificial en la justicia penal: los sistemas algorítmicos», en *Dimensiones éticas y jurídicas de la Inteligencia artificial en el marco del Estado de Derecho,* Cuadernos de la Cátedra de Democracia y Derechos Humanos, 16, Universidad de Alcalá. Defensor del Pueblo, 2020.

VELASCO NUÑEZ, E., «Investigación penal y protección de datos», *El Cronista del Estado Social y Democrático de Derecho,* número 88-89, 2020.

REQUIEM PELA FASE DE INSTRUÇÃO NO PROCESSO PENAL PORTUGUÊS?

André Lamas Leite
Professor da Faculdade de Direito da
Universidade do Porto (Portugal)
Investigador do CIJ – Centro de Investigação
Interdisciplinar em Justiça

1. Introdução

Sobretudo em alguns *fora* mediáticos, mas com pouca repercussão na doutrina, vem-se discutindo até que ponto deveria ou não ser eliminada a fase eventual que se segue à primeira fase de investigação (cujo *dominus* é o juiz de instrução criminal – JIC), chamada inquérito (da competência do Ministério Público – MP), e que visa aferir da correcção de facto e de Direito da decisão de encerramento do inquérito: arquivamento, acusação, suspensão provisória do processo, arquivamento em caso de dispensa de pena e desistência de queixa por via de um acordo de mediação.

O argumento é simples – a tramitação processual portuguesa é longa (e em alguns casos complexa), pelo que nada melhor que passar a existir apenas duas fases processuais: a investigatória e em que, para um despacho de acusação, se exige que tenham sido recolhidos indícios suficientes de que foi o arguido o agente e de que o crime ou crimes foram cometidos (art. 283.º, n.º 2, do Código de Processo Penal português, doravante CPP[1]), por tal se entendendo a possibilidade de elaborar um juízo de prognose póstuma, no momento do encerramento do inquérito, e em que surge ao Procurador da República como mais provável a hipótese de, em audiência de discussão e julgamento, haver uma condenação, ao invés de um arquivamento.

Não está inscrito na natureza das coisas que um qualquer sistema de administração da justiça penal tenha de contar com uma fase que só se abre sob impulso do arguido ou do assistente, conjugando aqui os pressupostos processuais da legitimidade e do interesse em agir, e que visa, como se disse, o escrutínio da decisão de, no caso, outra magistratura, procurando que o arguido não tenha que enfrentar a fase do julgamento, por via de uma decisão de não pronúncia, de suspensão provisória do processo ou do arquivamento em caso de dispensa de pena. Trata-se, portanto, de uma legítima decisão do legislador ordinário que, desta forma, prefere aumentar o tempo das fases preliminares antes de introduzir ou não em juízo mais feitos, ciente de que apenas a constituição como arguido, ainda que processualmente traga mais vantagens ao suspeito, é encarado de uma forma muito diversa pela comunidade no seu conjunto, reforçando o seu efeito estigmatizador, o qual provoca vitimação secundária. Por outro lado, o actual CPP é filho da democracia de 1974 e inaugura uma forma bastante diferente de controlo da fase de investigação, da dedução da acusação e do respectivo controlo. Assim, o legislador foi particularmente criativo em face do quadro subjacente ao CPP de 1929 (com sucessivas alterações, algumas delas já em democracia), sobretudo na decisão de confiar a direcção do inquérito a uma magistratura que, até aí, não tinha exactamente essa função e que, num sistema ditatorial

---

1   Por expressa opção do autor, não se seguem as regras do Acordo Ortográfico de 1990.
     Qualquer referência a um comando legal desacompanhada do diploma de onde provém deve entender-se por feita para o CPP.

como aquele que Portugal viveu, tinha numa magistratura hierarquizada (como continua a ser) uma *longa manus* do Executivo.

Isto dito, a razão fundamental brandida por aqueles que defendem o fim da instrução é atinente à celeridade processual, visto que uma acusação e submissão a julgamento, num Estado de Direito democrático e social (como é o português – artigos 1.º e 2.º, da Constituição) é, para eles, algo de normal e que não causa sofrimento ao arguido nem o conota socialmente, em especial quando ser arguido importa o gozo de um conjunto de direitos muito amplos (art. 32.º da Constituição e art. 61.º).

É esta asserção que visamos testar, não se devendo estranhar que tenhamos conscientemente optado por uma escrita mais ensaística e despojada de grandes referências doutrinais e jurisprudenciais, visto que o desiderato da obra em que este capítulo se insere nos convida sobretudo à reflexão dos novos caminhos que podem ou devem ser tratados pelo Direito.

2. Uma leitura constitucional

A Constituição portuguesa, fruto da ditadura de Salazar/Caetano cujo 50.º aniversário do fim celebramos este ano, é das mais prolixas em matéria processual penal, por reacção ao anterior regime político. No que especificamente contende com o problema em análise, dispõe o art. 32.º, n.º 4 que «*[t]oda a instrução é da competência de um juiz* (...)». Este segmento normativo mantém-se inalterado desde a redacção originária de 1976[2] e deu-se a relevante circunstância temporal de o CPP apenas entrar em vigor em 1988, ou seja, de 1976 a 1988, manteve-se em vigor o anterior CPP de 1929, embora com numerosas alterações, algumas delas já em democracia, que tornavam a norma-

---

2   Com uma pequena alteração, sem qualquer relevo para o que vai dito em texto, e que consistiu na modificação do tempo verbal de «será» para «é», pela 1.ª Revisão Constitucional de 1982.

ção processual penal uma manta de retalhos com soluções dogmáticas e político-criminais amiúde incompatíveis entre si.

Nestes termos, devemos entender em que consistia a «instrução» antes de 1988. A «instrução» tinha por *dominus* um juiz e o seu fim legal era «averiguar a existência das infracções, fazer a investigação dos seus agentes e determinar a sua responsabilidade» (também chamado «corpo de delito»), ou seja, era, materialmente aquilo que no actual Código passou a ser o «inquérito». Esta instrução era designada por «preparatória», dado que, em regra, podia ser requerida a «contraditória», apenas a requerimento do arguido. Em 1945, passou a ser competência do MP a «instrução preparatória» e nos casos mais graves (processo de querela) era mesmo obrigatória uma segunda fase de «instrução contraditória», requerida pelo MP no mesmo acto em que deduzia a acusação. No entanto, a «instrução» continuou a ter o escopo útil do que hoje chamamos «inquérito». Depois, já em 1974, após a Revolução dos Cravos, criou-se o «inquérito policial» para crimes menos graves (os sancionados com o que à época eram as «penas correccionais»), da competência do MP e dos órgãos de polícia criminal. Já em 1977, a designação de «inquérito policial» foi substituída pela de «inquérito preliminar», cujo *dominus* era o MP. Este esboço mostra, desde logo, que não foi pacífica a direcção de todos os inquéritos pelo MP, desde logo em sede da fiscalização preventiva ao novo CPP que o Presidente da República requereu junto do Tribunal Constitucional e que se pronunciou –não sem votos de vencido– pela não inconstitucionalidade da atribuição desta primeira fase investigatória ao MP[3].

Aqui chegados, não podem restar quaisquer dúvidas quanto à solvabilidade constitucional da actual instrução, pela meridiana razão literal do citado art. 32.º, n.º 4. No entanto, o problema que se coloca não é esse, mas sim o de saber se a por alguns projectada abolição da instrução

---

3   Acórdão n.º 7/87, de 9/1, Proc. n.º 302/86, MÁRIO DE BRITO, disponível em http://www.tribunalconstitucional.pt/tc/acordaos/19870007.html.

feriria qualquer norma ou princípio da CRP. Quanto a esta matéria, como se disse, apesar do carácter impositivo da Lei Fundamental portuguesa, entendida a «instrução» como todo o acto de produção de prova que contenda com direitos fundamentais desde logo do arguido (e daí a centralidade dos artigos 268.º e 269.º), o art. 32.º, n.º 4, da CRP não ficaria esvaziado de conteúdo útil, mas por certo veria o seu campo de aplicação limitado, pois também não restam dúvidas de que a segunda e eventual fase processual que estamos a estudar deixaria de estar a coberto daquela norma, o que levanta dúvidas sobre até que ponto é que tal se conforma com a teleologia que o legislador constituinte lhe quis dar.

No entanto, em nosso juízo, a questão coloca-se não aqui, mas sim ao nível das garantias de defesa do arguido e dos direitos do ofendido (respectivamente, os n.º s 1 e 7 do art. 32.º da CRP), visto que entendermos que o cariz tão amplo põe em causa a inexistência de uma fase preliminar ao julgamento e em que se possa aferir da decisão do MP (ou do assistente) de encerramento do inquérito. É certo que aqueles sujeito e participante processuais sempre terão o julgamento como fase crucial em que a questão da culpabilidade e da sanção se decide (modelo da *césure* mitigada dos artigos 368.º e 369.º), mas, como se verá, bastará isto mesmo? Por outras palavras, igualmente como explorado *infra*, se em domínios que não contendem com direitos fundamentais (pelo menos é a concepção maioritária, aludindo à necessidade de manter a hierarquiva, no primeiro caso e, no segundo, de assegurar que a praticabilidade da vida em sociedade é possível) – ilícitos disciplinar ou de mera ordenação social – *Ordnungswidrigkeiten* – se admite o recurso jurisdicional, por maioria de razão deve existir a faculdade de requerer a instrução. Tudo visto e ponderado, apesar do relevo jurídico desta última, fazemos da Lei Fundamental a leitura de que, em termos de direitos da defesa e do ofendido, ela limita-se a estabelecer padrões mínimos de exigência sem os quais o ordenamento não pode ser caracterizado como um *Rechtsstaat*, deixando ao legislador ordinário um campo de manobra relativamente amplo de concretização e densificação não apenas do conteúdo de cada implicação do art. 32.º, mas também da sua amplitude. E, neste caso, embora susceptível de dúvidas, é nosso entendimento que não há obstáculo constitucional a que o legislador termine com a instrução, o que em nada bole –como veremos– com as vantagens político-criminais da sua manutenção, visto tratarem-se de dois diversos ângulos de análise.

3. Finalidades da instrução

O controlo da decisão do MP por uma outra magistratura, exactamente aquela que tem por finalidade julgar, pode, a uma primeira aparência, surgir como uma menorização do próprio MP. Temos de recordar que, até à conquista da democracia, a magistratura do MP era de tipo vestibular, ou seja, servia como preparação, como estágio para depois se poder exercer a magistratura judicial, pelo que os mais velhos, experientes e, à partida, mais sabedores, ocupavam esta última. Ora, com o paralelismo entre as duas magistraturas, equiparando-as para vários efeitos, de entre eles o remuneratório, tudo indicaria que uma segunda fase preliminar (porque anterior ao julgamento) seria desnecessária. No entanto, o legislador –e bem– não esqueceu a experiência dos tempos da ditadura, bem como entendeu como mais congruente com os direitos de defesa do arguido (art. 32.º, n.º 1, da CRP) que a submissão a julgamento deve ser um acto muito bem ponderado, exactamente pelas consequências negativas de vitimação secundária.

Assim, a instrução –designação atribuída a esta segunda e eventual fase– tem por escopo o controlo da decisão da primeira fase processual, por uma diferente magistratura, analisando a sua correcção fáctico-jurídica. Se o despacho for de arquivamento, nas várias modalidades do art. 277.º (porque não se conseguiu identificar o agente do crime, porque há pressupostos negativos da punição que impedem a acção penal, porque não foi possível reunir indícios suficientes da prática de qualquer crime ou daquele que serviu como *notitia criminis* contra o suspeito(s) ou arguido(s), conseguindo-se ou não reunir tais indícios quanto a outro(s) agente(s)), logo de acordo com os pressupostos processuais da legitimidade e do interesse em agir, apenas o ofendido, constituído assistente (art. 69.º), o pode requerer. Eliminar neste caso a instrução significaria sempre que a resposta definitiva do ordenamento jurídico quanto a uma decisão de não prosseguir criminalmente não tinha forma de reacção por parte de quem é titular dos interesses que a lei criminal quis especialmente proteger (art. 68.º, n.º 1), o que podia tornar-se numa verdadeira injustiça e numa falha de tutela desses mesmos interesses, sem esquecer que a Lei Fundamental obriga o legislador a conceder a tutela e os direitos necessários ao ofendido (art. 32.º, n.º 7).

Num Estado de Direito democrático, em especial num como o português em que a tutela jurisdicional efectiva é alçada em princípio estruturante de todo o ordenamento (art. 20.º da CRP), não é possível que uma decisão, seja ela de que tipo for, não conheça a hipótese de ser reavaliada. Só assim se cumpre aquele preceito e a verificação humana de que o falhanço integra a nossa condição. Se perante um ilícito disciplinar ou de contra-ordenação está sempre aberta, ao menos em uma instância, a via judicial, seria contraditório e conferidor de menores garantias no Direito Penal que nos demais ramos não admitir o reexame. Dir-se-á que, novamente em ordenamentos como o português, que conhecem uma via de reavaliação dentro da mesma magistratura que tomou a decisão final do inquérito, menos se justifica a instrução. Não cremos. Mantemo-nos dentro da mesma magistratura, sujeita à hierarquia, embora salvaguarde a autonomia dos Procuradores, num equilíbrio sempre periclitante e que já opôs o topo da dita hierarquia aos demais magistrados, pelo que a população em geral e os ditos «operadores judiciários» em particular não confiam, como regra, no mecanismo da intervenção hierárquica do art. 278.º Inexistem dados estatísticos – tanto quanto conhecemos –, mas a nossa experiência também como advogado leva-nos a concluir que, perante um despacho de arquivamento, a tendência é requerer a abertura de instrução e não suscitar a intervenção da hierarquia. É certo, todavia, que o conjunto de actos probatórios que podem ser levados a efeito na instrução ou no mecanismo do art. 278.º têm idêntica amplitude. Porém, falta-lhe a possibilidade de um contraditório vivo e directo, que só ocorre em audiência oral, o que inexiste no art. 278.º e existe na instrução, sob a designação de debate instrutório (artigos 289.º, n.º 1 e 297.º, ss.). Acresce que, nesta última, quando requeridas, é obrigatória a tomada de declarações ao arguido ou à vítima (art. 292.º, n.º 2), o que apenas pode ser requerido na intervenção hierárquica, ficando a sua audição ao prudente arbítrio do Procurador.

Vejamos agora uma decisão que encerra o inquérito mediante despacho de acusação pública, ou seja, deduzida pelo MP (art. 293.º). Se não se previsse qualquer mecanismo intermédio entre o inquérito e o julgamento, o feito seria introduzido em juízo de novo sem qualquer garantia de, ao menos, uma reavaliação que, como vimos, existe até em ilícitos que não contendem com os bens jurídicos eminentes como o Direito Penal. É essencial, naturalmente, que tenhamos do despacho que encerra a fase de investigação uma noção ampla e que não é coincidente com a de despacho judicial, pois esse será aquele que encerra a instrução e, a partir do saneamento (art. 311.º), todos os demais até ao trânsito em julgado do decidido. E isto nada tem de novo, pois, *v. g.*, o processo disciplinar conduzido pela entidade patronal (privada) contra um trabalhador e em que se aplique a pena mais grave é, em si mesmo, uma decisão que é claramente de Direito Privado, por se aplicar o Código do Trabalho, mas contempla também uma feição de Direito Público, uma vez que, numa primeira fase, existe como que uma delegação de competências do Estado num particular. É claro que esta decisão, diríamos público-privada, é objecto de recurso contencioso para os Juízos do Trabalho.

Voltando ao enunciado, numa acusação por crimes públicos ou semi-públicos, apenas a instrução está prevista como fase intermédia e que pode evitar a sujeição a julgamento do arguido. No problema de que ora tratamos não tem relevo prático a circunstância de o ofendido se constituir assistente e acompanhar a acusação pública (art. 284.°). Este mecanismo traz vantagens de matéria factual a ser inserida no objecto do processo (com os limites do art. 1.°, al. *f)*) e sobretudo de indicação de prova suplementar àquela constante do libelo acusatório público.

Vejamos agora os casos que, em nosso entender, mais dificuldades colocam a quem defende o fim desta fase intermédia. Falamos dos crimes particulares (art. 50.°), ou seja, aqueles que para serem perseguidos pelo MP exigem a apresentação de queixa e constituição como assistente, bem como, no final do inquérito, que este último sujeito deduza acusação particular (art. 285.°). A investigação é levada a cabo pelo MP (e/ou pelos órgãos de polícia criminal que actuam na sua dependência – cf. art. 263.°, 267.° e 270.°) e nunca pelo assistente, sob pena de palmar inconstitucionalidade material (privatização do *ius puniendi*), mas, como se disse, o despacho que personifica o encerramento do inquérito está subtraído àquele órgão de administração da justiça. Mais ainda, o art. 285.°, n.° 2 estabelece que o Procurador titular do inquérito indica, na notificação para deduzir acusação particular, qual o sentido em que o MP se pronuncia, i. é, se face aos indícios probatórios é ou não expectável que, em juízo, haja mais probabilidades de o agente ser condenado do que absolvido (art. 283.°, n.° 2).

Esta informação, embora obrigatória para o MP na sua prolação[4], não o é para o assistente, que pode fazer exactamente o oposto. Ora, se não houvesse uma fase

---

4   A natureza do vício pode ser discutida. De acordo com o tratamento das invalidades do CPP, não estamos em face de uma nulidade insanável do art. 119.°, por tal só ocorrer em relação a circunstâncias previstas *expressis verbis*, o que não é o caso. O que se pode discutir é se estamos perante uma nulidade sanável do art. 120.° ou perante uma mera irregularidade do art. 123.° Quanto a esta última, pelo menos este nível de invalidade estará preenchido, o que coloca a dificuldade de o vício, no caso, ter de ser arguido no máximo até três dias depois da notificação do art. 285.° (n.° 1 do art. 123.°), o que é um prazo curto, sob pena de, não o fazendo, a irregularidade se degradar num vício sem qualquer tipo de relevo processual. E é exactamente este o vício, pois, em nosso juízo, a nulidade sanável do art. 120.° ou está expressamente prevista na norma ou no catálogo taxativo do seu n.° 2.

seguinte anterior ao julgamento em que se põe em causa a acusação, seria a pura vontade de um particular que, mesmo contra a inexistência de indícios de prova suficientes, teria a virtualidade de introduzir os factos em juízo, fazendo funcionar a «máquina judiciária» sem qualquer sentido. É essencial, pois, em tais opções, a existência de um mecanismo travão a que se pratiquem actos processuais inúteis[5] e em que, bem vistas as coisas, dado o órgão representativo do Estado e da acção penal poderem até manifestar-se contra a vontade de um mero particular, ficar o processo criminal refém da vontade única do assistente. O efeito estigmatizante para o arguido é ainda maior, dada a possível inexistência de um juízo concordante do órgão ao qual o legislador confiou a fase do inquérito. Aliás, este modo de operar os crimes particulares, que encontra antecedentes históricos na Roma Antiga, em que certos delitos também só eram perseguidos por vontade exclusiva do ofendido, significa que o objecto do processo pode ser recortado pelo particular e conduzir a que existam mais nulidades, questões prévias, questões incidentais ou outros vícios analisados no saneamento do processo.

Serve ainda a instrução – no que inicialmente foi debatido – para o arguido requerer ao JIC a aplicação da medida de oportunidade e consenso da suspensão provisória do processo do art. 281.º (art. 307.º, n.º 2), nas hipóteses em que, segundo o requerente, os seus pressupostos estavam preenchidos e o MP não o promoveu. Como já dissemos noutra sede[6], a matéria é complexa, porque literalmente parece que o «veto» daquela magistratura é inultrapassável, sendo que entendemos que o não pode ser, sob pena de não ter qualquer sentido esta outra finalidade instrutória. Ter-se-á de reconhecer ao JIC uma fun-

---

5   Art. 130.º do Código de Processo Civil, *ex vi* do art. 4.º do CPP. Assim, o acórdão do Tribunal da Relação de Évora de 18/4/2023, Proc. n.º 535/22.4GESLV-A.E1, CARLOS DE CAMPOS LOBO (disponível em http://www.dgsi.pt e acedido em Janeiro de 2024, como a restante jurisprudência, excepto indicação em contrário).

6   «Suspensão provisória do processo e abertura da instrução em Portugal: brevíssimas notas», *Julgar online* (no prelo).

ção correctiva à posição do MP, o que bem sabemos ser uma solução *de iure condito* arrojada, mas imprescindível. Ora, se não existisse a instrução, nem sequer se poderia criticar a opção do MP não recorrer a mecanismos como este que temperam a plena vigência do princípio da legalidade em ordenamentos do tipo do português. Algo de semelhante seja dito quanto ao arquivamento em caso de dispensa de pena do art. 280.º, nos termos do seu n.º 2.

4. Uma instrução disfarçada de julgamento?

Outra das críticas que se dirigem à instrução contende com o facto de ela ser ou poder transformar-se em uma espécie de «mini-audiência de discussão e julgamento», o que seria manifestamente desnecessário e até conteria riscos de, mesmo garantindo o impedimento daquele concreto juiz na fase de julgamento (art. 40.º, n.º 1, al. *b)*), acabar por induzir já um pré-juízo, tão aprofundado foi o *standard* e a discussão probatórios nesta fase preliminar.

Embora não se desconheçam casos em que tal sucedeu, como na chamada «Operação Marquês», em que se discute, de entre outros, a alegada prática de crimes de corrupção por um anterior Primeiro-Ministro e em que desde a data da sua detenção até ao encerramento da instrução, com recurso para a segunda instância do despacho final desta, no que ele conteve de não pronúncia, decorreram cerca de dez anos, também se dirá que essas são as hipóteses de todo estranhas, atípicas e mesmo patológicas do processo penal. De entre outros factores, a estratégia do MP concentrar muitos delitos com vários arguidos num único processo teve o efeito de criar um monstro que arrisca terminar com a prescrição do procedimento criminal em relação a boa parte do objecto processual. Na generalidade dos casos, na letra e no espírito da Lei, muito longe se anda da crítica inicial. Tal é visível, desde logo, pela circunstância de o JIC só ordenar as diligências probatórias que lhe foram requeridas se o entender de todo essencial para a descoberta da verdade (artigos 287.º, n.º 2, 289.º, n.º 1, 291.º, n.º s 1 e 3). Aliás, por via da Lei n.º

94/2021, é vedado ao JIC praticar actos já ocorridos em inquérito, excepto se tiverem sido preteridas «as formalidades legais» ou «quando a sua repetição se revelar indispensável à realização das finalidades da instrução». É evidente o domínio absoluto do JIC quanto aos actos instrutórios que vai ou não levar a cabo, tanto mais quanto se usam conceitos de *ius aequum* propícios a uma falta de controlo do juiz nesta fase (que se relega para o recurso da decisão final), exactamente para não tornar a instrução num longo exemplo de laboratório do julgamento. Algo de parecido ocorreu com a Lei n.º 48/2007, que impediu – e bem, porque isso sim, já seria uma antecipação do juízo típico do julgamento – o depoimento de testemunhas «abonatórias», ou seja, aquelas que não têm conhecimento dos factos e só vêm declarar sobre a personalidade e o enquadramento, em especial social, do arguido[7].

E, além disso, o despacho judicial que incide sobre os actos instrutórios requeridos, por determinação legal (art. 291.º, n.º 2), é inimpugnável, apenas sendo possível a reclamação que, em boa verdade, nem devia estar prevista, por ser completamente risível que o JIC que indeferiu, logo de seguida, se sinta convencido por argumentos adicionais do requerente. Na audiência de discussão e julgamento – sempre salvaguardando o art. 340.º, em que o juiz goza da possibilidade de trazer para o objecto do processo provas ou meios de prova ainda dele não constantes e que julgue essenciais, no que é a marca do «princípio da investigação» que tempera o princípio do acusatório no sistema português, imposto constitucionalmente no art. 32.º, n.º 5, todos os sujeitos processuais, em igualdade de armas, com um contraditório pleno e igual conhecimento dos autos, todos eles podem carrear para o processo as suas provas. Assim, o MP, no caso de acusações públicas, deve indicar a prova no despacho de acusação (art. 283.º, n.º 3, alíneas *e)*, *f)* e *g)*); no caso das acusações particulares, tal ónus impende sobre o assistente (art. 285.º), que

---

7   Sobre este e outros temas trazidos pela reforma de 2007 ao CPP, veja-se Nuno Brandão, «A nova face da instrução», *Revista Portuguesa de Ciência Criminal*, n.º s 2 e 3 (2008), pp. 227-255.

pode ou não ser acompanhado pelo MP, mas este último não pode acrescentar outras provas às do assistente, não apenas visto tal só ser em abstracto possível por via da acusação pelo assistente (art. 284.° do CPP), o que não é o papel daquela magistratura, como também contrariaria a própria razão de ser dos crimes particulares, em que há uma devolução controlada do conflito penal ao ofendido nas vestes de assistente, no que seria visto como um mecanismo sedutor para abolicionistas como Nils Christie[8]. Do outro lado, o arguido dispõe da contestação para juntar prova (art. 311.°-B) e a parte civil pode fazê-lo nos prazos gerais de dedução do pedido de indemnização civil do art. 77.°

Note-se ainda que, para além das demais provas pré--constituídas nos autos, desde 2013, o legislador terminou com uma previsão normativa que, em boa verdade, era um contra-senso e só trazia opróbrio à administração da justiça. Antes daquela data era possível que um arguido confessasse integralmente e sem reservas (no sentido do art. 344.°) em inquérito ou instrução, mas porque o fazia nas fases preliminares, tal não podia ser valorado em julgamento. E isto mesmo que tais declarações tivessem sido presididas por um magistrado (do MP ou judicial). Era, pura e simplesmente, matéria proibida e que o art. 357.° afastava, desde logo atento o princípio segundo o qual o que vale para condenar ou absolver alguém é a prova produzida ou examinada (seria no âmbito desta última que o problema se colocava, por se tratar de leituras de declarações pré-elaboradas pelo arguido) em sede de audiência de discussão e julgamento (art. 355.°). A uma nova – e político-criminalmente correcta – lente, entendeu o legislador que as declarações prestadas em inquérito ou instrução perante autoridade judiciária (magistrados do MP ou judiciais) devem valer como prova em julgamento, mesmo que o arguido seja julgado na ausência ou decida remeter-se ao silêncio, no gozo de um direito constitucional e infra-constitucionalmente garantido (art. 144.°, n.° 1,

---

8   «Conflicts as property», *The British Journal of Criminology*, vol. 17, n.°
     1 (Janeiro de 1977), pp. 1-15.

al. *b)* e 144.º, n.º 1, para o MP). Nos termos da primeira norma, para que tal suceda, porém, é indispensável que o arguido disso seja informado e que esteja assistido por defensor, sob pena de nulidade insanável (artigos 64.º, n.º 1, al. *b)* e 119.º, al. *c)*). Tratando-se de um interrogatório de arguido, as suas regras gerais são as mesmas, desde logo a faculdade de declarar no momento que lhe parecer mais oportuno, escolher as perguntas às quais responderá e a quem também o fará (pode, p. ex., o arguido responder a perguntas do juiz e recusar-se a fazê-lo a questões do MP ou do mandatário do assistente). Esta medida fez com que a instrução possa ter uma utilidade acrescida, mas também significa que, sendo depois reproduzidas em julgamento[9], haja poupança de tempo.

Voltemos aos poderes do JIC em sede de autorizar ou não os actos probatórios. Percebe-se que ele disponha aqui de um poder monocrático, exactamente para não transformar a instrução numa antecâmara do julgamento. Na verdade, mantemo-nos numa fase preliminar que se limita –o que é muito– a concluir se os fundamentos de facto e de Direito estão reunidos para que o arguido seja submetido a julgamento. Se se admitisse ainda recurso para os Tribunais da Relação do despacho que recai sobre o dito requerimento probatório, nos freios e contra-freios em que se tece o processo criminal, havia claramente um excesso de garantismo sem justificação válida. Tanto mais quanto, como veremos, em certas condições, a decisão instrutória é impugnável. A isto apenas se acrescerá a possibilidade de o JIC igualmente lançar mão dos seus poderes de inquisitório em relação à produção de indícios probatórios que ele entenda serem essenciais para poder concluir se, em julgamento, é mais plausível uma condenação que uma absolvição (art. 290.º, n.º 1).

---

9   Embora a prática jurisprudencial vá no sentido de que estas declarações têm de ser totalmente ouvidas em julgamento, é nosso entendimento que não há qualquer vício (mesmo constitucional) se, por acordo de todos os sujeitos processuais, essa mesma audição for dispensada. O arguido lembrar-se-á do que disse e tem os autos ao seu dispor e do seu defensor, tal como os demais sujeitos.

Diga-se ainda que esta é uma fase processual que tem tempos máximos de duração fixados no art. 306.º Contudo, tal como acontece no inquérito (art. 276.º), tem sido interpretação unânime da jurisprudência[10] que estes são prazos meramente indicativos ou ordenadores, ou seja, a sua ultrapassagem não acarreta nenhuma invalidade, podendo sim conduzir ao incidente de aceleração de processo atrasado (artigos 108.º, ss.) e a eventual responsabilidade disciplinar. Veja-se ainda o art. 276.º, n.º 6, segundo o qual o titular do inquérito tem de justificar a ultrapassagem do prazo indicativo[11]. Esta não é a melhor solução nem aquela que reforça a igualdade de armas, pois os prazos para prática de actos pelos demais sujeitos processuais são peremptórios, mas também não podemos viver desligados da realidade, sobretudo nos «mega-processos» a que já se aludiu, devendo ser feita uma utilização muito parcimoniosa da conexão processual (artigos 24.º, ss.) e quando ela já tiver sido ordenada, pode impor-se uma separação de processos (art. 30.º).

Numa palavra, só o debate instrutório é uma diligência obrigatória em instrução e a sua duração máxima também está regulada (art. 360.º[12]). Aqui sim, embora tratando apenas de indícios, os sujeitos processuais são chamados a alinhar as razões de facto e de Direito pelas quais entendem que os seus representados devem ou não ser submetidos a julgamento. Também é verdade que, quando requerido, o interrogatório do arguido é obrigatório, desde logo por ser ele o requerente e por estar armado desse direito pela Constituição (art. 32.º, n.º 1) e

---

10   *Inter alia*, o acórdão do Supremo Tribunal de Justiça de 21/8/2018, Proc. n.º 85/15.5GEBRG-N.S1, Francisco Caetano.

11   Mas já não o JIC – art. 306.º, *a contrario* –, por se tratar de uma magistratura independente. Mesmo a hipótese em tese configurável de haver alguma obrigação de reporte da ultrapassagem dos prazos da instrução ao juiz presidente da comarca exorbita as competências que a Lei pretendeu atribuir a estes últimos magistrados. É certo, todavia, que o *statu quo* deixa os sujeitos processuais menos protegidos.

12   A norma diz respeito à fase da audiência de discussão e julgamento, mas como os normativos da instrução nada estatuem a esse propósito, ter-se-á de usá-la. Veja-se ainda o art. 302.º, n.º s 4 e 5.

pela Lei (art. 61.º, n.º 1, al. *b)*). O mesmo sucede com a vítima, o que levanta um problema hermenêutico. Vimos já que, quanto a um despacho de arquivamento em inquérito, só o assistente goza de legitimidade para requerer a abertura desta fase, sendo que a vítima é um sujeito processual diverso (art. 67.º-A e Estatuto da Vítima, aprovado pela Lei n.º 130/2015, de 4/9). Assim, em bom rigor, será a vítima que se constituiu assistente que pode requerer a instrução. A referência à «vítima» cremos só poder ser entendida no sentido de ao juiz se abrir a faculdade de, *ex officio*, determinar a sua tomada de declarações. Aliás, do mesmo modo que, ainda que não requerente, o JIC pode entender por essencial para as finalidades da instrução que o arguido seja convocado para, querendo, prestar declarações, quando não seja ele quem requereu a instrução. É óbvio que esta última hipótese é de configuração prática muito rara, mas não está fora de cobertura legal.

Um outro aspecto que depõe no sentido de a fase em estudo não conter insuportável tempo de duração tem que ver com a inexistência de qualquer «contraparte»: se o arguido a requerer, mesmo que haja ofendido ou assistente, este não intervém, excepto se o JIC entender necessárias as suas declarações; se o requerente for o assistente, sucede o mesmo com o arguido. Donde, até pelo número de sujeitos processuais e respectiva actividade concreta nos autos, inexiste fundamento para se defender o fim da instrução por ser demasiado demorada. Poder-se-á perguntar – isso sim – se faz sentido manter uma fase como esta sem contraditório, ou melhor, com um contraditório imperfeito. E dizemos assim porque, nos crimes públicos e semi-públicos em que existe uma acusação elaborada pelo MP (e eventualmente acompanhada pelo assistente), cabe a esta magistratura defender a bondade da decisão de acusar, demonstrando que foi possível reunir indícios suficientes, pelo que a «contraparte» está representada. No caso da iniciativa da instrução partir do assistente, goza ele de todas as faculdades inerentes a esta fase processual. A haver uma «contraparte», será ela, aqui, o MP, em especial, mais uma vez, nos delitos públicos e semi-públicos. Nos particulares, o grande ónus de os sustentar pende sobre o assistente. Ora, se este último não deduzir acusação particular, cessa a acção penal, sendo o processo definitivamente arquivado, por falta de legitimidade do MP, o que significa que, nestes crimes, a responsabilização do assistente é maior, o que bem se percebe. Donde, nenhuma perda do prisma do contraditório, ainda que moderado, se vislumbra na presença ou ausência dos vários sujeitos processuais em instrução.

Um último aspecto nesta sede deve ser destacado. Nos termos do art. 310.º, apenas é inadmissível o recurso (sempre para a 2.ª instância e nunca para o Supremo) quando haja uma absoluta conformidade entre o despacho de acusação e o de pronúncia. Se existirem factos diversos ou tratados de modo distinto, ainda que só quanto à sua qualificação jurídica, já poderá haver recurso. Por decorrência lógica, admite o legislador que um despacho de arquivamento ao qual se siga um outro de não pronúncia é também impugnável. Usando outras palavras, se a dupla conforme positiva (acusação e pronúncia) veda a hipótese de recurso e importa a remessa dos autos para julgamento, a sua correspondente negativa (arquivamento e não pronúncia) deixa ainda a possibilidade de o assistente interpor recurso para o Tribunal da Relação competente. Trata-se, em nosso juízo, de norma a alterar *de iure condendo*, porquanto é destituído de qualquer sentido político-criminal que, tendo-se duas magistraturas pronunciado pela inexistência de indícios, se vá ainda admitir a intervenção de nova instância. Os direitos de defesa são aqui levados a um extremo de garantismo que urge modificar. A pretensão punitiva do Estado está assegurada pelo primitivo arquivamento[13], pelo que o único interesse protegido é o do assistente que, por esta via, deixa de ser colaborador do MP (em oposição à sua posição legal: art. 69.º, n.º 1) e assume uma posição monopolista no pro-

---

13 Tanto se protege essa pretensão punitiva com a condenação como com a absolvição do arguido e, por maioria de razão, com os despachos que encerram as duas fases preliminares do processo. Defender o contrário é cair num puro justicialismo que ameaça as estruturas do Estado de Direito.

cesso penal, o que vai muito além daquilo que deveriam ser as suas competências, até de um prisma constitucional. Naturalmente que nos estamos a referir somente aos casos em que há (como na dupla conforme positiva) total simetria entre o arquivamento e a não pronúncia. Se os factos ou o respectivo enquadramento jurídico, apesar de conduzirem ao mesmo resultado, forem díspares, então não podemos dizer que há uma total similitude e que duas magistraturas diferentes se pronunciaram sobre os mesmos indícios e com a mesma conclusão, pelo que aí já seria de continuar a admitir o recurso.

5. Conclusões

Do percurso trilhado pode concluir-se que, na nossa perspectiva, terminar a fase intermédia e eventual da instrução tem mais desvantagens que vantagens. Desde logo do prisma da estigmatização que sempre existe em torno de alguém constituído arguido, apta a criar efeitos de vitimação secundária. Por outro lado, se em ilícitos com menor potencial ofensivo se admite o recurso à via jurisdicional, seria paradoxal que tal se negasse nos crimes, não bastando dizer que sempre há o julgamento, pois essa é já uma fase em regra pública e que também levanta os atrás referidos problemas de vitimação. Vistas, depois, as diferentes hipóteses de encerramento de inquérito pelo MP, fica claro que os direitos de defesa do arguido (sobretudo) são mais protegidos com esta faculdade. Também se não vislumbra, em regra, um excessivo retardamento temporal na instrução, ligado aos poderes de grande amplitude do JIC, sobretudo em matéria de admissão ou não dos actos instrutórios, sendo que defendemos uma alteração legislativa ao art. 310.º, nos casos de «dupla conforme negativa».

Numa palavra, não se pode transformar a fase de instrução num «bode-expiatório» das ineficiências do sistema de administração da justiça penal, tanto mais que a sua abolição não iria ter efeitos sensíveis nos tempos da Justiça.

sar de vários escolhos apontados, a apelar, por exemplo, quer *"à continuação e ao aprofundamento da criação de um processo penal europeu"*[3], quer a um desenvolvimento do direito penal substantivo, como temos defendido[4].

Apesar da opção minimalista ter sido trilhada, continuam vozes sedutoras a interpelarem-nos para a consideração desta expansão. Assim, por exemplo, ainda antes do "arranque" ocorrido no dia 1 de junho de 2021, por Decisão da Comissão Europeia[5], a Comissão Europeia trouxe a

---

relativos à justificação e à adoção dessa medida quer sobre os relativos à sua execução. Neste contexto, interrogase sobre a incidência da fiscalização judicial da referida medida previamente efetuada no EstadoMembro do Procurador Europeu Delegado competente para o processo no alcance da fiscalização da mesma medida, ao abrigo dessa autorização judicial, no EstadoMembro do Procurador Europeu Delegado assistente (*cfr.* parágrafo 38 do Acórdão do Tribunal de Justiça (Grande Secção), no Acórdão de 21 de dezembro de 2023, processo C281/22, G. K., B. O. D. GmbH, S. L. Neste acórdão entendeu o Tribunal de Justiça que *"Os artigos 31.o e 32.o do Regulamento (UE) 2017/1939 do Conselho, de 12 de outubro de 2017, que dá execução a uma cooperação reforçada para a instituição da Procuradoria Europeia, devem ser interpretados no sentido de que: a fiscalização efetuada no EstadoMembro do Procurador Europeu Delegado assistente, quando uma medida de investigação atribuída exija uma autorização judicial que seja conforme com o direito desse EstadoMembro, só pode incidir sobre os elementos relativos à execução dessa medida, com exclusão dos elementos relativos à justificação e à adoção da referida medida, devendo estes últimos ser objeto de fiscalização jurisdicional prévia no EstadoMembro do Procurador Europeu Delegado competente para o processo em caso de ingerência grave nos direitos da pessoa em causa garantidos pela Carta dos Direitos Fundamentais da União Europeia"* (parágrafo 79). A este tema retomaremos, por não ser por hora este o nosso objeto de estudo, nem o tempo de que dispomos nos permitir uma análise aprofundada que o tema merece.

3   Assim, RODRIGUES, Anabela Miranda, "A Procuradoria Europeia – da fragilidade à força de uma Rainha sem exército", in *A criminalidade económico-financeira e a Procuradoria Europeia - III Congresso Jus-Crim*, JusGov/JusCrim, 2024, p. 26.

4   Ver, por exemplo, SANTOS, Margarida, "A implementação da Procuradoria Europeia – a emergência de um modelo de intervenção penal entre a cooperação e a integração penal?", *Revista Brasileira de Direito Processual Penal* 5 (n.º 2) (2019) e *Para um (novo) modelo de intervenção penal na União Europeia: uma reflexão a partir do princípio da legalidade como limite material de atuação da Procuradoria Europeia*, Lisboa, Rei dos Livros, 2016.

5   Publicada a 26 de maio de 2021 (https://ec.europa.eu/commission/presscorner/detail/pt/ip_21_2591).

lume a questão da definição do âmbito material de atuação da Procuradoria Europeia, emitindo uma Comunicação ao Parlamento Europeu e ao Conselho Europeu destinada a alargar as competências da Procuradoria Europeia *"aos crimes terroristas transnacionais"*[6]. Pretende-se, pois, primeiramente, que o Conselho Europeu altere o disposto no artigo 86.º, n.ºs 1 e 2, do TFUE de modo a alargar a competência material da Procuradoria Europeia à *"criminalidade grave com dimensão transfronteiriça"*. Aí se refere que *"é necessária uma dimensão europeia mais forte para garantir um acompanhamento judicial uniforme, eficaz e eficiente destes crimes em todo o espaço europeu de liberdade, de segurança e de justiça. Os crimes terroristas afetam todos os Estados-Membros e a União no seu conjunto, razão pela qual deve ser considerada uma solução a nível europeu. Neste contexto, parece demonstrado que a Procuradoria Europeia pode acrescentar valor à luta contra crimes terroristas e à resolução das lacunas identificadas"*[7].

Com efeito, as infrações terroristas merecem, desde logo, destaque, na medida em que *"os direitos lesados pelos atentados terroristas não são os mesmos que os direitos legais afetados por infrações comuns"*[8].

---

6   *Cfr.* Comunicação da Comissão ao Parlamento Europeu e ao Conselho Europeu - Uma Europa que protege: uma iniciativa destinada a alargar as competências da Procuradoria Europeia aos crimes terroristas transnacionais - COM(2018) 641 final; Report of the 44th consultation meeting between the European Union's Troika of the Article 36 Committee (CATS) and the Council of Europe, 2018, p. 3. Disponível: rm.coe.int.docx (live.com) (última consulta a 11/09/2023).

7   *Cfr.* Comunicação da Comissão ao Parlamento Europeu e ao Conselho Europeu - Uma Europa que protege: uma iniciativa destinada a alargar as competências da Procuradoria Europeia aos crimes terroristas transnacionais - COM(2018) 641 final (p. 9). Sobre o tema, ver Santos, Margarida, *Para um (novo) modelo de intervenção penal na União Europeia: uma reflexão a partir do princípio da legalidade como limite material de atuação da Procuradoria Europeia*. Lisboa: Rei dos Livros, 2016, entre outras, pp. 295 e ss.

8   CAEIRO, Pedro e LEMOS, Miguel Ângelo, "Content and impact of approximation: the case of terrorist offences (Council Framework Decisions of 2002 and 2008)", *in* FRANCESCA GALLI e ANNE WEYEMBERGH (eds.), *Approximation of Substantive Criminal Law in the EU: The Way Forward*, Bruxelas: Éditions de l'Université de Bruxelles, 2013, p. 153.

Tem sido igualmente trazido a debate o alargamento em relação à proteção do ambiente[9]. Como sublinha Francesco de Angelis, apesar de a criminalidade ambiental ser uma forma de criminalidade transnacional pela sua natureza, é punida quase exclusivamente pela legislação nacional[10]. Como aponta de forma paradigmática o Autor, *"Chegou o momento de lançar uma campanha para alargar as competências da Procuradoria Europeia à proteção do ambiente"*[11]. Tal necessidade vai detendo cada vez mais apoio nos círculos políticos. Por exemplo, aquando da elaboração da proposta de Diretiva do Parlamento Europeu e do Conselho relativa à proteção do ambiente através do direito penal e que substitui a Diretiva 2008/99/CE, o Parlamento Europeu sugeriu, na alteração 35 à referida proposta de Diretiva, que a mesma acrescentasse ao seu texto o Considerando 30-A, que vale a pena aqui reproduzir *"Tendo em conta o elevado impacto financeiro das infrações ambientais, a sua potencial ligação com outros crimes financeiros graves, bem como a sua natureza transfronteiriça, a Procuradoria Europeia estaria em melhor posição para exercer as suas competências em matéria de crimes ambientais mais graves com dimensão transfronteiriça. Uma vez que as competências da Procuradoria Europeia estão atualmente limitadas a crimes financeiros, a Comissão deve analisar num relatório a possibilidade de alargar as competências da Procuradoria Europeia, em cooperação com a Eurojust, para incluir crimes ambientais transfronteiriços graves, bem como a forma de proceder a esse alargamento"*[12].

---

9   Assim, ver, por exemplo, ANGELIS, Francesco, "The European Public Prosecutor's Office (EPPO) – Past, Present, and Future", *EUCRIM, cit.,* 2019, p. 274 e 275 e Maesa, Costanza, "EPPO and Environmental Crime: May the EPPO Ensure a More Effective Protection of the Environment in the EU?", *New Journal of European Criminal Law,* 191, 2018, p. 214 e 215.

10   ANGELIS, Francesco, "The European Public Prosecutor's Office (EPPO) – Past, Present, and Future" (...), p. 275.

11   *Ibidem* (tradução nossa).

12   Projeto de Resolução Legislativa do Parlamento Europeu sobre a proposta de diretiva do Parlamento Europeu e do Conselho relativa à proteção do ambiente através do direito penal e que substitui a Dire-

No mesmo sentido, mais recentemente, a Resolução do Parlamento Europeu de 23 de junho de 2022 vem reforçar a necessidade de um alargamento das competência da Procuradoria Europeia à criminalidade ambiental, referindo que *"Stresses that the establishment of an EU Green Prosecutor, through the extension of the EPPO's mandate, in accordance with Article 86(4) TFEU, is a way to improve the implementation and enforcement of EU environmental legislation and to combat serious environmental crimes with a cross-border dimension"*[13].

Além do carácter transnacional *per se* que os crimes ambientais detêm, poder-se-ia, também, indagar se a criminalidade ambiental não reuniria condições para ser considerada um crime indissociavelmente ligado à criminalidade financeira[14] e, assim, cairia diretamente no escopo de competência da Procuradoria Europeia, sem necessidade de alargamento da referida competência[15].

Se compreendemos a necessidade de se avançar para uma *"Europa que protege [os cidadãos]"*, onde a Procuradoria Europeia pode efetivamente *"colmatar as lacunas*

---

tiva 2008/99/CE (COM(2021)0851 – C9-0466/2021 - 2021/0422(COD)). Disponível em https://www.europarl.europa.eu/doceo/document/A-9-2023-0087_PT.html (última consulta a 06/02/2024) (negrito no original).

13   European Parliament Resolution, 23 June 2022, on illegal logging in the EU (2022/2523(RSP)) (2023/C 32/04). Disponível em https://eur-lex.europa.eu/legal   content/EN/TXT/PDF/?uri=CELEX:52022IP0262 (última consulta a 06/02/2024).

14   MAESA, Costanza, "EPPO and Environmental Crime: May the EPPO Ensure a More Effective Protection of the Environment in the EU?" (…), p. 197.

15   Para mais desenvolvimentos *vide*, entre outros, MITSILEGAS e GIUFFRIDA, "The Role of Eu Agencies in Fighting Transnational Environmental Crime: New Challenges for Eurojust and Europol", ed. Brill, 2017, p. 121; MITSILEGAS, "Contribution to Conclusions and Recommendations on Environmental Crime, Harmonisation of Substantive Environmental Criminal Law at the EU Level", *in EFFACE Research Project*, 2016, p. 5. Disponível: https://policycommons.net/artifacts/4305098/wp7_02_substantive-environmental-criminal-law-in-the-eu/5115251/) (última consulta a 29/07/2023).

existentes"[16], cremos que apesar de o alargamento se afigurar prematuro e irrealista – até porque vários Estados-Membros se opõem claramente ao alargamento dos poderes da Procuradoria Europeia para além do domínio das infrações PIF[17], como já evidenciámos[18], não nos parece, no entanto, a reflexão despicienda. Além do mais, e como tem sublinhado, por exemplo, Anabela Miranda Rodrigues, esta questão deve ser perspetivada à luz dos princípios da subsidiariedade e da proporcionalidade (Artigo 5.º, n.º s 3 e 4, TUE)[19]. Como aponta a Autora, *"[t]*

---

16   *Cf.* Comunicação da Comissão ao Parlamento Europeu e ao Conselho Europeu - Uma Europa que protege: uma iniciativa destinada a alargar as competências da Procuradoria Europeia aos crimes terroristas transnacionais - COM(2018) 641 final, p. 8.

17   *Cf.* GRASSO, Giovanni; SICURELLA, Rosaria; GIUFFRIDA, Fabio, "EPPO Material Competence: Analysis of the PIF Directive and Regulation", *in* LIGETI, Katalin, ANTUNES, Maria João y GIUFFRIDA, Fabio (eds), *The European Public Prosecutor's Office at Launch*, Transforming EU Criminal Law, 2020, p. 34.

18   Ver SANTOS, Margarida, "A Procuradoria Europeia e o exercício transnacional da ação penal relativamente aos crimes que lesem os *interesses financeiros da União Europeia"*, *Julgar,* n.º 39, set-dez 2019 e, da mesma Autora, *Para um (novo) modelo de intervenção penal na União Europeia: uma reflexão a partir do princípio da legalidade como limite material de atuação da Procuradoria Europeia*. Lisboa: Rei dos Livros, 2016, entre outras, p. 328. Como aí encarámos, *"[u]m modelo de intervenção penal limitado aos interesses financeiros parece-nos ser a possibilidade adequada e viável no momento presente. Com efeito, em prol da defesa do princípio da legalidade da intervenção penal, a concretização de uma Procuradoria Europeia terá de estar associada à definição do âmbito material de atuação através do método da unificação, onde através de regulamento se definam, de forma uniforme e equivalente, os tipos legais de crime, no "espaço único da União".* Neste sentido, somos de entendimento que *"[n]o que diz respeito àqueles – outros – interesses, que poderemos, grosso modo, abarcar como incluídos na definição constante no n.º 4 do art.º 86.º do TFUE ("criminalidade grave com dimensão transfronteiriça), designados por muitos como os interesses da União «hard-core», atendendo à ainda insuficiente reflexão acerca da natureza dos interesses em causa, por um lado, e apenas à possível harmonização através de diretivas, por outro, parecem inexistir condições para que se avance para este âmbito material de atuação da Procuradoria Europeia".* Desde logo, cremos que *"o nível de harmonização alcançado até agora neste âmbito torna inviável, segundo cremos, uma coerente, igual, certa e precisa atuação da Procuradoria Europeia no exercício da ação penal"* (p. 329).

19   Entre outras obras da autora *vide* RODRIGUES, Anabela Miranda, "A Procuradoria Europeia – da fragilidade à força de uma Rainha sem

endo sido instalada uma máquina complexa e financei-
ramente bastante pesada, a dúvida reside em saber se a
existência da Procuradoria Europeia, no seu «conteúdo» e
«forma de ação», não «excede» «o necessário para alcan-
çar os objetivos dos Tratados», no caso de as suas compe-
tências permanecerem restritas à proteção do orçamento
da União"[20].

De resto, se o princípio da subsidiariedade se mantém
seguro a propósito da necessidade de proteção dos interesses financeiros da União Europeia, já o princípio da proporcionalidade pode não ter esta robustez, na medida em
que tem sido apontado o limitado, acanhado âmbito de
atuação da Procuradoria Europeia no que diz respeito, por
exemplo, à fraude, podendo comprometer a salvaguarda
deste princípio[21]. Nas palavras de Francesco de Angelis,
"[o] respeito pelo princípio da proporcionalidade poderia
ser especificamente questionado, uma vez que o que está
previsto é um mecanismo complexo e dispendioso, muito
distante da qualidade clara do Corpus Juris e da simplici-
dade da proposta da Comissão de 2013"[22].

Numa palavra, revela-se urgente o diálogo aprofundado,
numa temática que embora não tenha sido esquecida e
venha à superfície em determinados momentos políticos,
por exemplo, parece ser uma temática que, por motivos
práticos e sobretudo políticos, acaba por ser sucessiva-
mente desfocada.

---

exército" (...), pp. 18 e ss. Ver, também, com muito interesse, Ro-
DRIGUES, Anabela Miranda, "Fundamental rights and punishment: Is
there an EU perspective?", *in New Journal of European Criminal Law*,
vol. 10(1) 17–27, SAGE, 2019. Disponível: https://journals.sagepub.
com/doi/10.1177/2032284419837377 (última consulta a 06/02/2024).

20   RODRIGUES, Anabela Miranda, "A Procuradoria Europeia – da fragilidade à força de uma Rainha sem exército" (...), p. 19.

21   ANGELIS, Francesco de, "The European Public Prosecutor's Office
(EPPO) – Past, Present, and Future" (...), p. 274.

22   *Ibidem.*

2. Questão prévia - alargamento formalmente admissível?

Importa, a título prévio, refletir sobre a viabilidade formal de alargar a competência material da Procuradoria Europeia. Com efeito, no n.º 4, do artigo 86.º do TFUE, estipula-se que *"O Conselho Europeu pode, em simultâneo ou posteriormente, adotar uma decisão que altere o n.º 1, de modo a tornar as atribuições da Procuradoria Europeia extensivas ao combate à criminalidade grave com dimensão transfronteiriça, e que altere em conformidade o n.º2 no que diz respeito aos autores e cúmplices de crimes graves que afectem vários Estados-membros. O Conselho Europeu delibera por unanimidade, após aprovação do Parlamento Europeu e após consulta à Comissão..."*[23].

Numa primeira leitura mais apressada, poderíamos ser tentados a afirmar a inexistência de condicionalismos adicionais a este alargamento[24]. No entanto, e apesar de algum acolhimento político já demonstrado a um possível alargamento (quase que automático)[25], importa enfatizar

---

23   Destacado nosso.

24   *Cf.*, por exemplo, Bolsoni Riboli, Eduardo "A harmonização de disposições legislativas em matéria penal como instrumento de cooperação judiciária na União Europeia: finalidades e dificuldades", *Revista Brasileira de Direito Processual Penal*, vol. 5, n.º 2, 2019, p. 837; Comunicação da Comissão Europeia "Uma Europa que protege: uma iniciativa destinada a alargar as competências da Procuradoria Europeia aos crimes terroristas transnacionais", de 12 de setembro de 2018, COM(2018) 641 final, ponto 2. Disponível: eur-lex.europa.eu/legal-content/PT/TXT/HTML/?uri=CELEX:52018DC0641&from=EN (última consulta a 19/09/2023).

25   *Vide* além da Comunicação da Comissão Europeia na nota supra, "European Parliament resolution of 25 October 2016 on the fight against corruption and follow-up of the CRIM resolution (2015/2110(INI))", parág. 54; ver também, por exemplo, o discurso do Presidente da República Francesa, Emmanuel Macron, na Sorbonne, em 2017, "Les principales propositions d'Emmanuel Macron pour relancer le projet européen". Disponível https://www.lemonde.fr/europe/article/2017/09/26/les-principales-propositions-d-emmanuel-macron-pour-relancer-le-projet-europeen_5191799_3214.html (última consulta a 27/01/2022); o artigo de opinião escrito pelo ex-Primeiro-Ministro da Bélgica Verhofstadt, publicado no jornal HuffPost, em abril de 2015. Disponível: www.huffingtonpost.co.uk/guy-verho-

a necessidade de se proceder à alteração prévia do TFUE (uma decisão a vinte e sete) antes de qualquer extensão da competência da Procuradoria Europeia (que convoque os Estados-Membros que compõe a cooperação reforçada – no momento uma decisão a vinte e dois).

Nas palavras claras de GRASSO, SICURELLA e GIUFFRIDA, *"[d]eve, (...) ser clarificado que esta disposição não permite que o próprio Conselho Europeu alargue o mandato da Procuradoria Europeia. Em vez disso, é necessária a decisão unânime do Conselho Europeu para alterar o texto do artigo 86.º, n.os 1 e 2, do TFUE. Por outras palavras, esta decisão representa uma forma simplificada de alterar os Tratados, sem recorrer aos procedimentos previstos no artigo 48 TUE"*[26]. Deste modo, deriva da letra do próprio artigo 86.º, n.º 4 do TFUE, a inequívoca exigência de alteração prévia do TFUE, não se encontrando na esfera de competências do Conselho Europeu a possibilidade de estender a competência material da Procuradoria Europeia, pois o que a disposição legal permite é que o Conselho Europeu, através de decisão tomada por unanimidade, altere o texto do n.º 1 e do n.º 2, do artigo 86.º do TFUE, de forma a ampliar a competência material da Procuradoria Europeia à criminalidade grave com dimensão transfronteiriça, originando, assim, um processo simplificado de

---

fstadt/terrorism-datasurveillance_b_6654258.html (última consulta a 27/01/2022); a entrevista ao Ministro da Justiça de Itália Andrea Orlando, em novembro de 2015. Disponível: www.repubblica.it/politica/2015/11/28/news/orlando_contro_i_terroristi_ma_senza_uno_stato_di_polizia_niente_intercettazioni_per_tutti_cosi_si_tutela_la_nostra_libert-128324071/. (última consulta a 27/01/2022).

26 GRASSO, Giovanni/SICURELLA, Rosaria/GIUFFRIDA, Fabio, "EPPO Material Competence: Analysis of the PIF Directive and Regulation" (...), p. 33 (tradução nossa). Ver também também, por exemplo, Schutte, Julian J. E., "Establishing Enhanced Cooperation Under Article 86 TFEU", *in* L.H. Erkelens et al. (eds.), *The European Public Prosecutor's Office. An Extended Arm or a Two-Headed Dragon?*, 2015, p. 195. Nas palavras do Autor: *"O alargamento do mandato da Procuradoria Europeia a outras infracções para além das que afectam os interesses financeiros da UE exige uma decisão unânime de todos os membros do Conselho Europeu, nos termos do n.º 4 do artigo 86 do TFUE"* (tradução nossa). Ver também RODRIGUES, Anabela Miranda, "A Procuradoria Europeia – da fragilidade à força de uma Rainha sem exército" (...), pp. 16 e ss.

alteração do Tratado[27]. Ou seja, esta disposição não permite que o Conselho Europeu alargue (automaticamente) o mandato da Procuradoria Europeia, sendo, ao invés, necessária a decisão unânime do Conselho Europeu para alterar o texto do artigo 86.º, n.º 1 e n.º 2 do TFUE. Deste modo, tal decisão representa uma forma simplificada de alterar os Tratados, sem recorrer aos procedimentos previstos no artigo 48.º do TFUE. Uma vez alterado o Tratado, seria necessária uma decisão unânime dos Estados-Membros que participam na Procuradoria Europeia para alterar o Regulamento que institui a Procuradoria Europeia em conformidade e alargar a competência material da Procuradoria Europeia.

Como também aponta RODRIGUES, *"[e]mbora a questão possa parecer controversa, do nosso ponto de vista, entretanto, está aqui em causa uma decisão de alteração do Tratado – mais precisamente, no disposto nos seus nºs 1 e 2 - que, por isso mesmo, deve ser tomada por todos os Estados-Membros da União Europeia"*[28]. Numa palavra, *"(...) a disposição do n.º 4, do Artigo 86.º, não habilita o Conselho Europeu, por si próprio, a alargar a competência da Procuradoria Europeia. Constitui, antes, uma forma simplificada de alteração dos Tratados, (...). E esta decisão deve ser seguida por outra decisão - uma decisão unânime - de todos os Estados-Membros que participam na cooperação reforçada para concretamente atribuírem competência à Procuradoria Europeia para tratar daqueles outros crimes (...) e alterarem nesse sentido o Regulamento"*[29].

Parece seguro poder afirmar-se que o facto de o acordo de cooperação reforçada permitir a adesão posterior de Estados-Membros não participantes, nos termos do artigo 328.º, n.º 1 do TFUE, aliado à sensibilidade política da decisão de estender a competência material da

---

27   GRASSO, Giovanni/SICURELLA, Rosaria/GIUFFRIDA, Fabio, "EPPO Material Competence: Analysis of the PIF Directive and Regulation" (...), p. 34.

28   RODRIGUES, Anabela Miranda, "A Procuradoria Europeia – da fragilidade à força de uma Rainha sem exército" (...), pp. 16 e 17.

29   *Ibidem*, p. 16.

Procuradoria Europeia além das infrações constantes da Diretiva PIF, foram determinantes para o legislador decidir deixar essa decisão nas mãos do Conselho Europeu, que deliberará por unanimidade.

Não obstante, esta exigência de unanimidade não deixa de merecer alguma reflexão, nomeadamente na medida em que acaba por permitir-se aos Estados-Membros não participantes do acordo de cooperação reforçada que impeçam a adoção da decisão prevista no artigo 86.º, n.º 4 do TFUE, podendo colocar-se em causa os princípios fundamentais da cooperação reforçada, nomeadamente o de que apenas os Estados-Membros participantes na cooperação reforçada podem decidir sobre a forma como essa cooperação deve ser desenvolvida e de que a sua aplicação não deve ser dificultada pelos Estados-Membros não participantes, tal como previsto no artigo 327.º do TFUE[30]. Clarificando, a exigência de unanimidade para que o Conselho Europeu pudesse alargar a competência material da Procuradoria Europeia seria uma ameaça[31] para o princípio plasmado no artigo 327.º do TFUE, relativo às cooperações reforçadas, pois estar-se-ia a conferir a possibilidade aos Estados-Membros não participantes de vetar a adoção de uma decisão relacionada com o desenvolvimento da cooperação reforçada.

Um possível caminho para decidir sobre o eventual alargamento da competência material da Procuradoria Europeia sem ferir os princípios inerentes à cooperação reforçada, seria, como sublinha, por exemplo GUIFFRIDA, seguir a via da alteração do artigo 86.º, n.º 4 do TFUE, de modo a permitir que sejam apenas os Estados-Membros participantes a ter direito de voto sobre essas decisões[32].

---

30 GRASSO, Giovanni/SICURELLA, Rosaria/GIUFFRIDA, Fabio, "EPPO Material Competence: Analyis of the PIF Directive and Regulation" (…), p. 33. Ver também GIUFFRIDA, Fabio, "Cross-Border Crimes and the European Public Prosecutor's Office", *in eucrime The European Criminal law Associations' Forum*, 2017, p. 152.

31 GIUFFRIDA, Fabio, "Cross-Border Crimes and the European Public Prosecutor's Office" (…), p. 152.

32 *Ibidem*.

Até porque, acrescenta o Autor, a unanimidade consubstancia um claro entrave à extensão da competência material da Procuradoria Europeia a outras infrações além das contempladas na Diretiva PIF[33],

Em todo o caso, podemos com segurança perspetivar a competência material da Procuradoria Europeia como uma das negociações mais sensíveis, possivelmente por ser encarada como uma ameaça à soberania dos Estados--Membros[34]. Como paradigmaticamente atentam CAEIRO e RODRIGUES: *"A relação entre a competência da Procuradoria Europeia e o âmbito da jurisdição dos Estados-Membros em matéria penal é provavelmente uma das mais sensíveis, na medida em que os criadores têm sempre cuidado com os poderes que conferem às suas criaturas quando estes podem afetar as suas próprias prerrogativas"*[35].

Os Tratados permitiram, é certo, a criação de uma Procuradoria Europeia mais ambiciosa e mais autónoma do que a que existe. Com efeito, comparando a versão (inicial) apresentada pela Comissão Europeia com o texto do Regulamento que institui a Procuradoria Europeia, verifica-se *"uma limitação da ambição de integração, inexistindo a verdadeira revolução preconizada na Proposta elaborada pela Comissão em 2013. Com efeito, assistiu-se a uma mudança da própria estrutura da Procuradoria Europeia e a uma redução dos instrumentos e medidas de investigação constantes da inicial proposta, que sempre nos fizeram*

---

33 GIUFFRIDA, Fabio, "The European Public Prosecutor's Office: King without kingdom?", CEPS Research Report, 2017, p.8.

34 Para maiores desenvolvimentos, nomeadamente sobre os 14 pareceres fundamentados dos Parlamentos nacionais no âmbito do princípio da subsidiariedade e da proporcionalidade sobre a Proposta de Regulamento do Conselho que institui a Procuradoria Europeia (COM(2013) 534 final), ver SANTOS, Margarida, *Para um (novo) modelo de intervenção penal na União Europeia: uma reflexão a partir do princípio da legalidade como limite material de atuação da Procuradoria Europeia.* Lisboa, Rei dos Livros, 2016, entres outras, pp. 250 e ss.

35 CAEIRO, Pedro; RODRIGUES, Joana Amaral, "A European Contraption: The relationship between the competence of the EPPO and the scope of Member State's jurisdiction over criminal matters", *in* LIGETI, K., ANTUNES, M. João y GIUFFRIDA, F. (eds.), *The European Prosecutor's Office at Launch*, 2020, p. 65 (tradução nossa).

questionar da eficácia da Procuradoria Europeia no exercício da ação penal relativamente aos crimes que lesem os interesses financeiros da UE"[36].

Nesta medida, podemos sempre continuar a apontar a via da reforma dos Tratados de forma a fornecerem uma base explícita para o legislador europeu estabelecer normas e sanções diretamente aplicáveis, através de um regulamento, visando proteger, por exemplo, os interesses financeiros da União, o que acarretaria que a competência da Procuradoria Europeia fosse uma consequência do direito aplicável[37]. Não obstante, podemos continuar a sublinhar que continua a ser fundamental refletir sobre o alargamento das competências da Procuradoria Europeia, enquanto via aberta para aprofundar vários domínios e perspetivas carentes de reflexão profunda, como o da natureza dos interesses em causa e a da necessidade (comprovada empiricamente) de uma intervenção supranacional, à luz dos princípios da subsidiariedade e da proporcionalidade. E assim, cruzando-se caminhos e necessidades, podem ser abertas pontes para um maior desenvolvimento do direito penal e processual penal europeu, e nessa medida, para uma maior proteção dos direitos fundamentais (em perigo, numa encruzilhada de normas[38]).

---

36   Santos, Margarida, "Conclusões: A Procuradoria Europeia e a futura arquitetura para a justiça criminal na UE – questões emergentes", in Margarida SANTOS / Mário FERREIRA MONTE / Fernando CONDE MONTEIRO (coords.), Braga: Direitos Humanos - Centro de Investigação Interdisciplinar, 2017, p. 220.

37   CAEIRO, Pedro; RODRIGUES, Joana Amaral, "A European Contraption: The relationship between the competence of the EPPO and the scope of Member State's jurisdiction over criminal matters" (...), p. 65.

38   Como efeito, "(...) *há uma evidente complexidade legislativa a vários níveis, decorrente de uma interação entre o direito da União Europeia, o direito nacional, as regras processuais internas (vg. o Regulamento interno da Procuradoria Europeia), bem como várias outras decisões adotadas pelo Colégio e várias outras orientações/guidelines. Numa palavra, existe uma interação legislativa multinível, combinando-se instrumentos de hard law e de soft law"*. Nesta medida, importa acentuar as "(...) *dúvidas e dificuldades de, em vários momentos, se alcançar uma solução, sobretudo nesta interação entre as normas do regulamento e as normas nacionais, sem que a interpretação seja, por vezes, tortuosa, numa «área jurídica [que se pretendia] única», tal como estava contemplado na versão inicial da Proposta de Regulamento"* – cf. SANTOS, Margarida, "O exercício das competências da Procuradoria Europeia num quadro

Estas incertezas e ambiguidades podem não só comprometer a eficácia, como também "(...) *os direitos individuais relacionados com o juiz legítimo e a segurança jurídica, que ficam numa zona cinzenta entre a tradição, as normas nacionais aplicáveis e o embrião de uma verdadeira justiça penal da UE"*[39].

Numa palavra, apesar de o alargamento da competência material da Procuradoria Europeia não parecer, por enquanto, uma opção realista, até porque vários Estados-Membros se opõem claramente ao alargamento dos poderes da Procuradoria Europeia, limitando o campo de ação desta às infrações que constam da Diretiva PIF[40], importa remar para um mais desenvolvido direito penal e processual penal europeu.

Portanto, adaptando as palavras de GÓMEZ COLOMER, é hora de superar problemas e avançar para o desenvolvimento jurídico da União Europeia, nomeadamente é hora de *"caminhar firmemente para um Direito Penal Europeu e, ao mesmo tempo, para um Direito Processual penal Europeu"*[41].

---

legislativo multinível: a caminho de uma revisão do Regulamento da Procuradoria Europeia?", in Anabela MIRANDA RODRIGUES / Adán NIETO MARTIN / María ACALE SÁNCHEZ / Miguel João COSTA (eds.), *Procuradoria Europeia e Criminalidade Económico-Financeira | La Fiscalía Europea ante la Delincuencia Económica y Financiera*, Coimbra, Faculdade de Direito da Universidade de Coimbra, 2023, ISBN 978-972-9464-24-9 (https://aidp-pt.org/2023/04/21/livro-procuradoria-europeia-e-criminalidade-economico-financeira-la-fiscalia-europea-ante-la-delincuencia-economica-y-financiera-2023/), pp. 177 e 178.

39 *Cf.* CAEIRO, Pedro; RODRIGUES, Joana Amaral, "A European Contraption: The relationship between the competence of the EPPO and the scope of Member State's jurisdiction over criminal matters" (...), p. 65, referindo-se especificamente à falta de autonomia da Procuradoria Europeia ("*A consequente falta de autonomia da Procuradoria Europeia é prejudicial não só para a eficácia da sua ação, mas também, de forma algo paradoxal, para os direitos individuais relacionados com o juiz legítimo e a segurança jurídica, que ficam numa zona cinzenta entre a tradição, as normas nacionais aplicáveis e o embrião de uma verdadeira justiça penal da EU"* – tradução nossa).

40 Assim GRASSO, Giovanni/SICURELLA, Rosaria/GIUFFRIDA, Fabio, "EPPO Material Competence: Analyis of the PIF Directive and Regulation" (...), p. 34.

41 GÓMEZ COLOMER, Juan-Luis, "La *Fiscalía Europea* y el el nuevo proceso penal que se está diseñando", in SÁNCHEZ-ARJONA, Mercedes Llorente (dir.), *Estudios procesales sobre el espacio europeo de justicia penal*, p. 47.

3. Sobre a via a seguir...

Apesar do importante papel dos instrumentos de cooperação judiciária, a Procuradoria Europeia está de facto, associada à necessidade de se *"ir além destes instrumentos e [de] obter resultados mais eficazes"*[42], almejando-se –qual tarefa hercúlea– reduzir as dificuldades observadas na realização de investigações criminais transfronteiriças, bem como pôr termo a questões complexas de competência territorial[43].

De acordo com o segundo relatório anual da Procuradoria Europeia (de 2022)[44], os números apresentados revelam a extensão das operações da Procuradoria Europeia, com 3318 denúncias recebidas e 865 inquéritos abertos[45]. O montante estimado de danos, atingindo 9,9 mil milhões de euros[46], sublinha a relevância e o alcance significativo das investigações realizadas pela Procuradoria Europeia.

Ademais, a observação de que 58 % das denúncias são provenientes de organismos privados é indiciadora de uma forte expectativa depositada na Procuradoria Europeia[47], o que sugere uma perceção positiva da Procuradoria Europeia como um instrumento eficaz no combate à criminalidade transfronteiriça.

Releva salientar que o número de inquéritos relativos à fraude na União Europeia ultrapassou a média histórica anterior à criação da Procuradoria Europeia, o que ressalta

---

42 NATO, Alessandro, "The European Public Prosecutor's Office Between Counterterrorism and Strengthening of the European Citizen's Safety", *in Civitas Europa*, 2016/2 (N.º 37), p. 321; 324. Disponível: https://www.cairn.info/revue-civitas-europa-2016-2-page-317.htm   (Última consulta a 13/09/2023).

43 *Ibidem*, p. 324.

44 Relatório Anual da Procuradoria Europeia 2022, Luxemburgo: Serviço das Publicações da União Europeia, 2023. Disponível: https://www.eppo.europa.eu/sites/default/files/2022-07/_EPPO-Annual-Report-2021-PT.pdf (última consulta a 06/02/2024).

45 Prefácio de Laura CODRUȚA KÖVESI, *in Relatório Anual da Procuradoria Europeia 2022* (...), p. 4.

46 Relatório Anual da Procuradoria Europeia 2022 (...), p. 10

47 *Ibidem*

o impacto deste novo órgão na deteção e investigação de atividades fraudulentas dentro dos Estados-Membros[48].

A metáfora da *"helicopter view"*[49] relativa ao modo de atuação da Procuradoria Europeia, utilizada no Relatório Anual da Procuradoria Europeia de 2022, indica uma abordagem abrangente e estratégica por parte da Procuradoria Europeia, sublinhando as potencialidades de um órgão como a Procuradoria Europeia para identificar conexões previamente não detetadas.

O Regulamento que institui a Procuradoria Europeia é, sem dúvida, o primeiro passo para o desenvolvimento de um órgão supranacional de investigação e exercício da ação penal ao nível da União Europeia. É, no entanto, necessário reter que, acima de tudo, a opção de estender o âmbito de competência material da Procuradoria Europeia é, imutavelmente, de caráter político[50], pelo que, mais do que uma alteração legal, implica um novo olhar sobre a União Europeia que há muito deixou de ser apenas uma *união* económica, *rectius*, implica um novo olhar sobre aquilo que efetivamente é ou aspira desenvolver, enquanto espaço de liberdade, segurança e justiça.

---

48 *Ibidem*.

49 *Ibidem*.

50 MAESA, Costanza, "EPPO and Environmental Crime: May the EPPO Ensure a More Effective Protection of the Environment in the EU?" (...), p. 199.

CRÓNICA DEL I CONGRESO INTERNACIONAL «EL DERECHO Y LA JUSTICIA ANTE LA INTELIGENCIA ARTIFICIAL Y OTRAS TECNOLOGÍAS DISRUPTIVAS»

Cristina Alonso Salgado
Profesora Contratada Doctora de Derecho Procesal
Universidade de Santiago de Compostela

Almudena Valiño Ces
Profesora Ayudante Doctora de Derecho Procesal
Universidade de Santiago de Compostela

Los días 31 de mayo, 1 y 2 de junio del pasado año 2023, tuvo lugar en la ciudad de Jerez de la Frontera el I Congreso Internacional «El Derecho y la Justicia ante la inteligencia artificial y otras tecnologías disruptivas». Organizado por la Universidad de Cádiz, la actividad contó con el patrocinio y colaboración de diversas entidades de prestigio, además de la financiación de cuatro proyectos I+D+i: «La responsabilidad de la inteligencia artificial: un desafío para las ciencias penales (RES-IA)» (IP Patricia Faraldo Cabana); «Inteligencia artificial, Justicia y Derecho: ¿irrupción o disrupción tecnológica en el proceso penal?» (IP Lourdes Noya Ferreiro); «El contrato de prestación de servicios en el actual entorno tecnológico y social (CONSERTECS)» (IP María Dolores Cervilla Garzón); y «Derecho e inteligencia artificial: nuevos horizontes jurídicos de la personalidad y la responsabilidad robóticas (DERPRIA)» (IP Margarita Castilla Barea).

Esta confluencia de horizontes entre proyectos radicados en latitudes tan diferentes del ordenamiento jurídico español da buena cuenta de la entidad de la actividad. Conjugar tan diversos ámbitos de reflexión jurídica exigieron de la organización un particular esmero a la hora de configurar la estructura de la actividad. En atención a lo anterior, las intervenciones se articularon en torno a seis mesas diseñadas en orden a analizar los temas que a continuación se relacionan: inteligencia artificial, justicia y derecho: ¿irrupción o disrupción tecnológica en el proceso penal?; prestación de servicios y nuevas tecnologías; contratación inteligente y propiedad intelectual; sector público e inteligencia artificial; inteligencia artificial y responsabilidad civil; y, por último, régimen jurídico de los buques autónomos.

Algunas de las principales virtualidades de la actividad —así como otras tantas dificultades inherentes a la complejidad de la materia abordada— fueron destacadas en la inauguración tanto por las Directoras del Congreso y la Decana de la Facultad de Derecho de la Universidad de Cádiz —en aquella altura—, doña Isabel Zurita Martín, como por el entonces Rector Magnífico de la referida Universidad.

Entrando ya en la arquitectura de las intervenciones, la primera mesa cuya hipótesis de partida era «Inteligencia artificial, justicia y derecho: ¿irrupción o disrupción tecnológica en el proceso penal?», se estructuró en dos partes diferenciadas. En la primera los profesores Varela Gómez, Noya Ferreiro y Valiño Ces debatieron acerca de los límites a la utilización de la inteligencia artificial en el proceso penal y, en particular, sobre el impacto de la inteligencia artificial en la toma de decisiones judiciales, así como instrumento de resolución de conflictos en el marco del referido proceso.

Sin solución de continuidad, comenzó la segunda parte en la que don Orión Vargas Vélez abordó las problemáticas técnicas que suscita la figura del Juez-Robot, incidiendo en las experiencias que ya nos proporciona el Derecho comparado. Asimismo, el Profesor Ferreiro Baamonde analizó la utilización de la inteligencia artificial por parte de las Fuerzas y Cuerpos de Seguridad, en particular, en lo que respecta a una eventual afectación de derechos fundamentales. Por último, el Profesor Soto Díaz reflexionó acerca de uno de los principales caballos de batalla del binomio inteligencia artificial-proceso penal, a saber, el relativo a la necesaria explicabilidad de la prueba obtenida mediante inteligencia artificial.

Con el cambio de tercio, el objeto de estudio basculó hacia el Derecho Civil. Bajo el dintel de la «Prestación de servicios y nuevas tecnologías», el Profesor Villagrasa Alcaide y el Profesor Díaz de Lezcano Sevillano abordaron tres temáticas de inequívoca actualidad, a saber: el contrato de prestación de servicios asistenciales por medio de robots inteligentes, el contrato de prestación de servicios por medio de drones, y la prestación de servicios de asesoría por medio de algoritmos.

Por su parte, la Profesora D'Alfonso explicó, en su ponencia «Responsabilidad civil de los prestadores de servicios digitales de intermediación», cómo la evolución del papel desempeñado por los suministradores de servicios en Internet —de meras «vitrinas» a elementos esenciales para el funcionamiento y la existencia misma del tráfico *on line*— ha llevado aparejada su progresiva responsabilización.

La siguiente mesa de la tarde se dedicó al análisis del «Sector público e inteligencia artificial». En ella, doña Idoia Salazar García mostró las propuestas regulatorias de la Comisión Europea sobre la aplicación de la IA para arrojar luz a la cuestión de si los límites éticos y regulatorios para la IA son realmente necesarios. Por su parte, el profesor Troncoso Reigada ofreció una panorámica sobre la IA y los Derechos fundamentales, centrando su intervención en el derecho fundamental que, en su opinión, puede servir como respuesta a las amenazas que ha planteado la IA: el derecho a la confidencialidad y a la integridad de los sistemas de información. La mesa continuó con la ponencia de don Jesús Jiménez López, quien explicó el funcionamiento del Consejo de Transparencia y Protección de Datos de Andalucía ante la transparencia algorítmica, incidiendo en la importancia de los datos utilizados, de la lógica y del perfilado que se les dé a estos, de la descripción y diseño del funcionamiento del sistema, el cual debe hacerse, en la medida de lo posible, de manera comprensible. La profesora Moreno Rebato, prosiguiendo el desarrollo del congreso, examinó la incidencia para el sector público del Proyecto de Reglamento de la UE sobre IA, esto es, como le va a afectar ese Reglamento a las Administraciones Públicas territoriales, a la Administración General del Estado, a las Administraciones autonómicas y locales, pero también a las universidades, empresas públicas, sociedades mercantiles, etc. Para cerrar la mesa y la sesión de la tarde, don Javier Porras Castaño puso el acento en la Banca Conversacional Inclusiva para impulsar la digitalización e inclusión financiera. Con ello se aludió a una nueva forma que tienen los clientes de relacionarse con su banco, como hacer un bizum, consultar el saldo o sacar dinero del cajero simplemente hablando.

La siguiente jornada dio comienzo con la mesa que abordó la «Inteligencia artificial y responsabilidad civil». En ella, el profesor Ballesteros Barros explicó, desde la perspectiva del Derecho comparado, determinados aspectos relativos a los vehículos autónomos y cómo influye la IA en ellos. La siguiente intervención corrió a cargo de la profesora Lorente López quien analizó la Protección civil de los derechos al honor, intimidad y propia imagen frente a los *Deep fakes*. La profesora Castilla Barea intervino a continuación para exponer la Propuesta de Directiva sobre Responsabilidad de la Inteligencia Artificial a la luz de las categorías clásicas de la responsabilidad extracontractual subjetiva. Para finalizar, el profesor Morán Bovio abordó las dificultades de adaptación de la regulación del seguro de responsabilidad a la IA.

La última mesa del congreso se centró en los buques autónomos y su régimen jurídico. Para ello se contó con la intervención de cuatro ponentes. En primer lugar, don Víctor Jiménez Fernández expuso los trabajos en curso llevados a cabo por la Organización Marítima Internacional, en relación con los referidos buques, incidiendo en su reglamentación. En segundo lugar, el profesor Pulido Begines centró su ponencia en el análisis de diferentes preceptos del Estatuto Jurídico del buque autónomo. Por su parte, la profesora Díaz de la Rosa abordó la incidencia del buque autónomo en la obligación de navegabilidad. Por último, el profesor Alba Fernández explicó la Responsabilidad dimanante de la operativa del buque autónomo, además de mostrar cómo se puede aplicar la IA en la navegación.

En la conferencia de clausura, la profesora Castillejo Manzanares expuso las consecuencias que se infieren de la conexión entre la Inteligencia Artificial, la Justicia y la mujer. A través de una reflexión en torno al concepto de IA y los sesgos que esta presenta, concluyó que la mujer ha estado y está discriminada por parte de la IA.

Como corolario, las profesoras Cervilla Garzón y Castilla Barea clausuraron el I Congreso Internacional «El derecho y la Justicia ante la inteligencia artificial y otras tecnologías disruptivas» mostrando el agradecimiento a ponentes, a comunicantes y a las demás personas que, de alguna manera, participaron en su celebración.

RECENSIÓN AL LIBRO DE FARTO PIAY, TOMÁS, EL PROCESO DE DECOMISO AUTÓNOMO, TIRANT LO BLANCH, 2021[1]

Cristina Alonso Salgado
Profesora Contratada Doctora de Derecho Procesal
Universidade de Santiago de Compostela

La monografía que nos disponemos a recensionar no es, como cabría imaginar, una publicación reciente. Lejos de lo habitual, nos adentramos en un trabajo que —publicado en el año 2021— no constituye una novedad editorial. No desluce ello el cometido, sino que lo amerita: en un momento en el que la actualidad jurídica aconseja revisitar la institución, lo suyo es acudir a una obra que, sin duda, se ha convertido en un imprescindible de la literatura especializada en relación al decomiso autónomo.

La obra está articulada en nueve capítulos estructurados en dos bloques, precedidos por unas consideraciones generales sobre la política criminal relativa al decomiso y su recepción en el ordenamiento jurídico español. El primero de los bloques aborda la teoría general del decomiso —concepto, naturaleza, objeto material y modalidades—,

---

1 En el marco de la Ayuda concedida en el marco de la IV Convocatoria de Ayudas para el financiamiento de actividades propias de la Fundación Privada Manuel Serra Domínguez.

mientras que el segundo examina de manera exhaustiva el proceso de decomiso autónomo, desde su origen, naturaleza, objeto y sujetos, hasta la sentencia, ejecución y destino de los bienes decomisados, pasando, obviamente, por el procedimiento y las medidas cautelares.

Quien estas líneas consulta podría poner sobre la mesa una duda legítima: ¿por qué recensionar una obra publicada hace ya cuatro años? La respuesta es, a su vez, alfa y omega de la propia recensión. Cualquier persona interesada en el instituto del decomiso puede percatarse tras un mero ojeo a vuelapluma, que la obra que ahora interesa constituye una *conditio sine qua non*, una suerte de punto de partida que los años, lejos de envejecer, han puesto en indiscutible valor.

La monografía está conformada por una serie capítulos articulados en torno a dos bloques —«Teoría general del decomiso» y «El proceso de decomiso autónomo», respectivamente— precedidos por uno de carácter preliminar, en el que se exponen unas consideraciones generales sobre la política criminal relativa al decomiso y su recepción en el ordenamiento jurídico español.

La obra —de una inusual extensión para los tiempos editoriales que corren— examina de manera prolija una institución que en los últimos tiempos ha centrado la atención del legislador. La Directiva 2014/42/UE del Parlamento Europeo y del Consejo, de 3 de abril de 2014, sobre el embargo y el decomiso de los instrumentos y del producto del delito en la Unión Europea, o la Directiva (UE) 2024/1260 del Parlamento Europeo y del Consejo, de 24 de abril de 2024, sobre recuperación y decomiso de activos —fuera ya del radio de acción de la obra—, son buena prueba de ello.

Los desafíos de la criminalidad del siglo XXI exigen redoblar los esfuerzos para evitar que la contravención de la norma penal resulte provechosa para quien la transgrede. Comoquiera que la actividad delictiva no debe dar lugar a una ventaja o beneficio económico —sea directa, sea indirecta—, en los últimos tiempos, los esfuerzos por ajustar nuestro ordenamiento jurídico a la magnitud de los referidos retos no han hecho sino redoblarse. Los referidos esfuerzos no han sido de orden menor, pues se hizo preciso, entre otras cuestiones, diseñar modalidades de decomiso susceptibles de adaptación a los diferentes escenarios en orden a potenciar la eficacia que la actual sofisticación criminal exige.

Como es sabido, con la incorporación en la Ley de Enjuiciamiento Criminal del Título III ter, operada por la Ley 41/2015, de 5 de octubre, de modificación de la Ley de Enjuiciamiento Criminal, se entra a regular no sólo la intervención de terceros afectados por el decomiso, sino también, y muy especialmente, el procedimiento de decomiso autónomo, otorgando así cuerpo procesal a las previsiones al respecto establecidas en el Código Penal.

La obra ofrece al lector una monitorización de los aspectos capitales de la regulación del proceso de decomiso autónomo: desde el origen, el concepto, la naturaleza jurídica, y sus presupuestos; hasta su objeto, supuestos de aplicación, sujetos implicados y procedimiento. Y todo ello con una acerada perspectiva analítica que acredita críticas fundadas a lo largo de todo el estudio. En efecto, Farto Piay destaca en su análisis que el proceso que ahora se examina no ha sido diseñado con el rigor y la minuciosidad que la propia naturaleza de las cosas exigía. Fundamentalmente, porque, en la altura del análisis, los regímenes previstos atesoraban divergencias evidentes, las omisiones son importantes y frecuentes, las remisiones son susceptibles de mejora, etc.

En definitiva, el autor no ha escatimado en esfuerzos para ofrecer al lector un análisis completo y riguroso con un ejercicio de pluma inusualmente exquisito. Tal y como se anticipaba, la monografía constituye una *conditio sine qua non* que ya representa una obra absolutamente referencial en la materia, motivo este por el que recomendamos vivamente su consulta.